机车乘务员培训系列教材

电力机车专业基础知识
（“2+1”学员）

《机车乘务员培训系列教材》编委会　编

中国铁道出版社有限公司

2025年·北京

内 容 简 介

《电力机车专业基础知识（“2+1”学员）》是“机车乘务员培训系列教材”之一。全书共分四章，第一章为 HXD3B 型电力机车专业知识，第二章为 HXD2 型电力机车专业知识，第三章为 HXD3D 型电力机车专业知识，第四章为空气管路与制动系统。

本书可供“2+1”学员岗前培训，也可作为机车乘务员业务学习参考用书。

图书在版编目（CIP）数据

电力机车专业基础知识 ：“2+1”学员 /《机车乘务员培训系列教材》编委会编. -- 北京 ：中国铁道出版社有限公司，2025. 5. --（机车乘务员培训系列教材）.

ISBN 978-7-113-31685-3

Ⅰ. U264

中国国家版本馆 CIP 数据核字第 2024ZP7918 号

书　　名：电力机车专业基础知识（“2+1”学员）

作　　者：《机车乘务员培训系列教材》编委会

责任编辑：袁文东　　**编辑部电话：**（010）51873421　　**电子邮箱：**jiche@ tdpress. com

编辑助理：何志伟

封面设计：郑春鹏

责任校对：苗　丹

责任印制：高春晓

出版发行：中国铁道出版社有限公司（100054，北京市西城区右安门西街 8 号）

网　　址：https://www. tdpress. com

印　　刷：河北宝昌佳彩印刷有限公司

版　　次：2025 年 5 月第 1 版　2025 年 5 月第 1 次印刷

开　　本：710 mm×1 000 mm 1/16　**印张：**7. 75　**字数：**138 千

书　　号：ISBN 978-7-113-31685-3

定　　价：48. 00 元

编 委 会

主　　任：张宝凯

副 主 任：侯海波　曹　辉

主　　编：郑　雷　全国庆

参编人员：祝利江　姜跃武　李　兵　王　旭

张　昊　杨建章　丛洋闯　夏立轩

杜宏宝　金　哲　丁智慧　罗为为

陈友伟　陈　君　潘德永　韩　涛

前　言

为全面贯彻国铁集团推动新时代铁路职工教育高质量发展主题思想，构建系统完善的职工培训体系，进一步规范机车乘务员培训管理、提升机车乘务员技术业务素质，深入推进机务系统职工培训标准化、规范化建设，更好地完成机车乘务员成才培养工作，沈阳局集团公司机务部依托机车乘务员塑型成长全历程工作指南，组织编写了“机车乘务员培训系列教材”。

本教材针对机车乘务员塑型成才的五个阶段（入门、成长、塑型、进阶、成才）分别制定了相应的配套学习指导。教材内容全面，涵盖了法律法规、安全知识、基础知识、专业知识以及实作技能等方面，构成了一个完整的培训体系，使机车乘务员通过学习，可以达到“三个标准”，即机车副司机任职资质、机车司机驾驶资质、机车司机成才标准。

本套教材由中国铁路沈阳局集团有限公司、辽宁轨道交通职业学院、辽宁铁道职业技术学院、吉林铁道职业技术大学共同编写完成。《电力机车专业基础知识（“2+1 学员”）》由郑雷、全国庆担任主编，祝利江、姜跃武、李兵、王旭、张昊、杨建章、丛洋闯、夏立轩、杜宏宝、金哲、丁智慧、罗为为、陈友伟、陈君、潘德永、韩涛参加了编写工作。

本教材为沈阳局集团公司机务部、各机务段职工教育培训工作人员设计，旨在作为工具书和指导书使用，期望本教材能成为广大职工教育培训工作人员日常工作的得力助手，特别是在规范日常培训、提升工作效能等方面发挥积极作用。

鉴于时间和能力原因，本教材可能存在诸多不足之处，期望广大读者能提出宝贵的意见和建议。

编　者

2025 年 4 月

目　录

第一章
HXD3B 型电力机车专业知识

知识目标

掌握 HXD3B 型电力机车的总体结构、主要特点和技术参数，了解机车的电传动方式、速度、制动方式和牵引力等关键性能指标。

能力目标

能够对 HXD3B 型电力机车进行专业的操作和维护，能够分析和解决机车运行中可能出现的技术问题。

素质目标

树立安全意识，确保机车运行安全。培养专业精神，提升新职学员专业素质。

第一节　HXD3B 型电力机车总体

一、概述

HXD3B 型电力机车是用于干线牵引的货运电力机车，其最高运行速度为 120 km/h。HXD3B 型电力机车采用大功率水冷变流器，单轴控制技术，大功率异步交流牵引电动机，框架式承载车体。采用中央走廊设备布置方式，高压电器布置在机械间内部的高压柜内，并充分考虑了使用中的自然环境条件，提高了机车的防寒性能。

二、机车主要特点

1. 轴式为 C_0-C_0，电传动系统为交—直—交传动，采用 3 组 IGBT 水冷变流柜，1 632 kW 大转矩异步牵引电动机，具有启动（持续）牵引力大、持续速度高、黏着性能好、功率因数高等特点。

2. 每组变流柜内集成一台由中间直流回路供电的辅助变流器。整车提供2组变频变压(VVVF)和1组定频定压(CVCF)三相辅助电源,分别对辅助机组进行分类供电。该系统冗余性强,在机车通过分相区时辅助系统可以维持供电。

3. 采用分布式微机网络控制系统,完成对各类变流器的实时控制、牵引/制动特性控制、传动系统的时序逻辑控制,显示机车运行状态,具备完整的故障保护、故障记忆及显示功能,并具有一定程度上的故障自排除、自动切换和故障处理指导功能,而且实现了机车的网络重联功能。

4. 将真空主断路器、接地开关、高压隔离开关、避雷器、高压电压互感器、高压电流传感器等高压电器集成在高压柜内,高压柜置机械间,从而极大地降低雾、雪、粉尘等条件下的高压设备的故障率,提高机车的可靠性。

5. 车体采用整体承载的框架式焊接结构,有利于提高车体的强度和刚度。

6. 转向架采用滚动抱轴承半悬挂结构,二系悬挂采用高圆螺旋弹簧,低位斜牵引杆技术,小齿轮双端支撑驱动装置。

7. 采用下悬式一体化多绕组牵引主变压器,除牵引绕组和辅助供电绕组外,还集成三台谐振电抗器,冷却方式为强迫导向油循环风冷。

8. 机车顶盖设有密闭风腔,冷却风源从风腔进入车内,保证了风源的清洁性,减少尘埃对被冷却设备的污染和改善冷却效果。每个转向架的3台牵引电动机由1台通风机冷却;主变流器水冷和主变压器油冷采用水、油复合式冷却塔;另外还设置了车体通风机来保证机械间的微正压通风,以减少尘埃进入机械间。

9. 采用了集成化气路的空气制动系统,具有空电制动功能。机械制动采用轮盘制动。

10. 采用预布线、预布管技术,车内中间走廊的下层排列制动管路,中间层和上层排列动力电缆,控制导线及光缆排布在侧墙的线槽内。动力电缆和控制导线的分别布设可降低电磁干扰,提高控制系统可靠性。

三、机车主要技术参数

电传动方式	交—直—交传动
持续功率	9 600 kW
机车速度	120 km/h
持续制速度	68. 2 km/h

电制动方式	再生制动
机车总重	150 t
轴重	25 t
启动牵引力	570 kN
持续牵引力(半磨耗轮)	506 kN
最大电制动力	480 kN
电制动功率	9 600 kW(72~120 km/h)
车体高度	4 250 mm
车体宽度	2 950 mm
机车前、后车钩中心距	22 781 mm
轴式	C_0-C_0
轨距	1 435 mm
排障器距轨面高度	110 mm
机车全轴距	14 700 mm
受电弓降弓状态时滑板距轨面高度(新轮)	≤4 622 mm
受电弓滑板距轨面的工作范围	5 200~6 500 mm
车钩中心线距轨面高度(新轮)	(880±10) mm

四、设备布置

机车设备采用模块化的结构,机车两端各设有一个司机室,两个司机室的中间为机械室。机械室内设备沿车内中间走廊两侧平行布置,采用导轨安装方式固定,中间走廊宽度为 600 mm。

车内设备布置以平面斜对称布置为主,有利于机车的重量分配,设备的安装成套,机车的制造、检修和部件的互换。

(一)司机室设备布置

参照规范化司机室要求,考虑人机工程进行优化设计。司机室内设有操纵台、司机座椅、八灯显示器、紧急放风阀、灭火器、暖风机等设备。司机室顶部设有风扇、头灯、司机室照明灯、阅读灯等设备;司机室前窗采用电加热玻璃,窗外设有电动刮雨器,窗内设有电动遮阳帘;侧窗外设有机车后视镜,内部设有手动遮阳帘;在操纵台上设有微机显示屏、监控显示屏、压力组合模块、速度表、网压/控制电压表、牵引/制动力表、司机控制器、制动控制器、扳键开关组、冰箱(微波炉)、脚炉、膝炉及各种控制开关和按钮等设备。操纵台如图 1-1 所示。

图 1-1　操纵台

（二）机械间设备布置

机械间内设备从Ⅰ端右侧起顺时针方向依次是空压机组 1、通风机 1、高压电器柜、低压电源柜、变流柜 1、冷却塔 1、变流柜 3、TCMS 柜、空调 2、行车安全柜、通风机 2、辅助柜、卫生间、辅助滤波柜、变流柜 2、冷却塔 2、制动柜、总风缸、风源系统。机械间设备布置如图 1-2 所示。

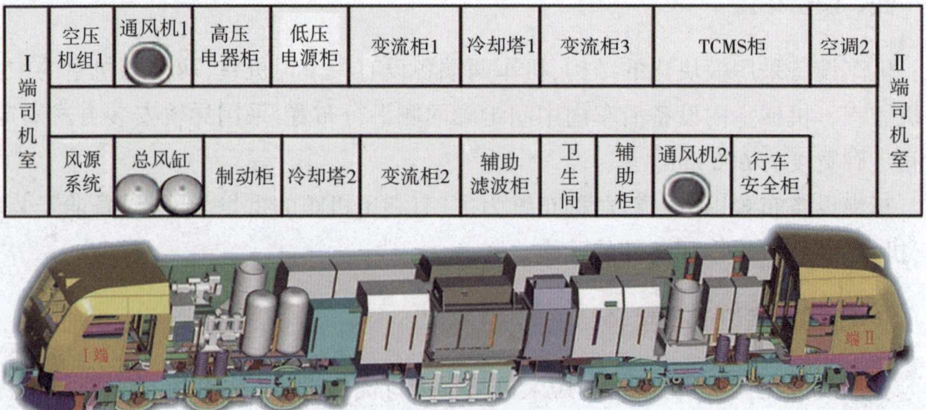

图 1-2　机械间设备布置

空调具有制冷、制热、空气过滤和向司机室补充新鲜空气作用，具有独立风道。

空压机采用 SL20-5-102 型螺杆式空气压缩机，集成安装 LTZ2. 2-H 型双塔式干燥器，共用一个安装座。

总风缸容量为 2×800 L,通过支架安装在侧墙上。冷却塔用来给机车主变压器和主变流柜散热。其中Ⅰ冷却塔组成包括 2 个水散热器、1 个油散热器、1 个通风机及柜体,负责冷却Ⅰ、Ⅲ变流器,以及主变压器的一半热量;Ⅱ冷却塔组成包括 1 个水散热器、1 个油散热器、1 个通风机、1 个变压器储油柜及柜体,负责冷却Ⅱ变流器,以及主变压器的另一半热量。

机械间设备如图 1-3 所示。另外机械间内还配有安全接地棒、复轨器、工具箱等。

(a) 变流器

(b) 高压电器柜

(c) 辅助电器柜

(d) 辅助滤波柜

图 1-3 机械间设备

（三）车顶设备

机车顶盖由3个顶盖组成，顶盖1、顶盖2上布置有受电弓、车顶避雷器及高压电缆车顶高压套管。车顶设备如图1-4所示。在中央顶盖上设有检修用天窗，由此上车顶进行检修和维修作业。为确保安全，天窗设置了钥匙联锁装置。

图1-4　车顶设备

（四）车下设备

主变压器悬挂在机车中部，以主变压器为中心对称布置了2台转向架，转向架如图1-5所示。在转向架上配置有牵引电动机等设备。另外在车下还配置了AC 380 V库用插座、DC 110 V库用插座、行灯插座、机车电子标签、过分相装置感应器和机车信号感应线圈（图1-6）等设备，在2、5轴设有机车速度传感器。

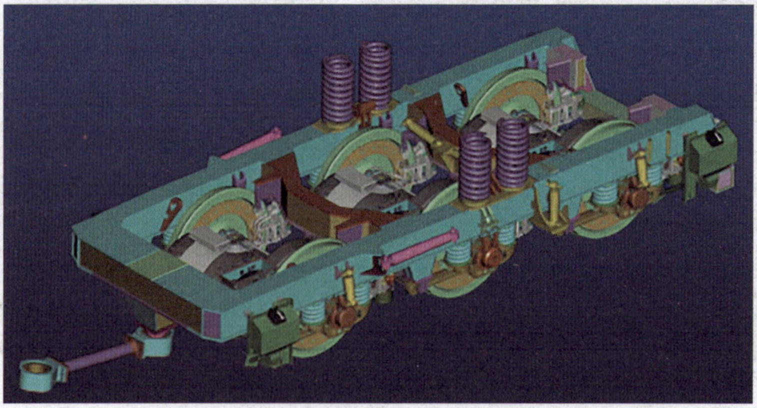

图1-5　转向架

图 1-6　过分相装置感应器和机车信号感应线圈

第二节　通风系统

HXD3B 型电力机车的通风冷却系统主要由四部分组成。第一部分为牵引电动机通风冷却系统，用来对牵引电动机的强迫通风冷却；第二部分为冷却塔通风冷却系统，用来冷却主变压器油和主变流器水；第三部分为辅助设备通风冷却；第四部分为机械间通风系统，用来保证机械间工作时温度不过高，并形成正压和保证一些设备的用风。通风系统布置如图 1-7 所示。

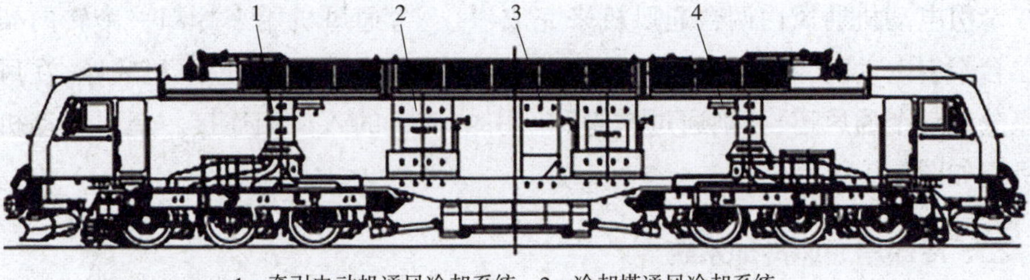

1—牵引电动机通风冷却系统；2—冷却塔通风冷却系统；
3—辅助设备通风冷却；4—机械间通风系统。

图 1-7　通风系统

机车采用车体顶层集中供风方式。在车体顶层由三个进气间组成，使得通过过滤器的进风量尽量均匀，牵引电动机通风、冷却塔通风、机械间通风的进风口均和车体顶盖进气间相连接。在车体顶层斜面对称布置了 22 个离心沉降过滤器，其后装有过滤网和钢板网，以避免煤粉等大颗粒尘埃进入，为机车电器设备的通风冷却和机械间提供洁净的空气。

车体顶盖布置了 22 个离心沉降过滤器(图 1-8)，在过滤器后面装有过滤网(中间顶盖给冷却塔通风冷却的 9 个过滤网无需安装)，组成二级过滤。第一级过滤元件为离心沉降过滤器，主要过滤掉较大的灰尘、树叶等杂物。第二级过滤网为棕纤维过滤网，可过滤掉较小颗粒的灰尘，该滤网使用一段时间后，表面积满了灰尘，造成阻力明显增大，这时需要更换，更换时，用钥匙将离心沉降过滤器的两边锁打开，打开离心沉降过滤器，就可看见过滤网，将过滤网取下，清洗后换上，然后关闭离心沉降过滤器，用锁锁紧。

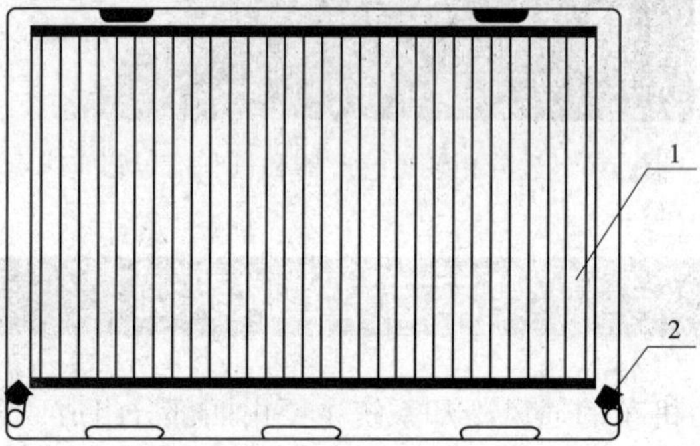

1—离心沉降过滤器；2—锁。

图 1-8　离心沉降过滤器

一、牵引电动机通风冷却系统

牵引电动机通风由两台通风机来完成，每一台通风机用来冷却一个转向架上的三台牵引电动机，室外的空气经过过滤装置、进气间、通风机、风机底座，在风机底座分成三个通风道，分别通过软管和牵引电动机的入口相连接。牵引电动机通风机组如图 1-9 所示。

二、冷却塔通风冷却系统

冷却塔是用来冷却主变压器油和主变流器的纯水加乙醇混合液，每台车安装有两台，冷却塔对称布置在机车中心线两侧，其中 1 号冷却塔冷却功率为 350 kW，用来冷却变压器和 1、3 号主变流器。2 号冷却塔冷却功率为 275 kW，用来冷却主变压器和 2 号主变流器。

冷却塔主要由通风机组和散热器两部分组成，如图 1-10 所示，通风机位于冷却塔的上部，下部是由水散热器和油散热器两部分组成的复合式散热器(上部为水散热器，下部为油散热器)。

图 1-9　牵引电动机通风机组

图 1-10　冷却塔

三、辅助设备通风冷却

辅助设备通风主要包括辅助滤波柜和辅助变流器的通风,用来冷却发热的电器元件。

1. 辅助滤波柜冷却空气走向

车外大气→离心沉降过滤器→车顶独立风道→辅助滤波柜→车体底架→大气。

2. 辅助变流器冷却空气走向

车外大气→离心沉降过滤器→机械间进风→主变流器柜内辅助变流器→排入机械间。

四、机械间通风系统

在机械间顶部布置了两个风扇,分别向机械间吹风,其主要作用是保证机械间正压;向空气压缩机提供所需的清洁空气;带走机械间电器设备所散发的热量。

风扇吹入机械间的风量 3 m^3/s,通过车体底架排出约 1 m^3/s。机械间内低压电源柜底部装有压力保障装置,压力保障装置如图 1-11 所示。当机械间压力大于 70 Pa 时,在压力作用下自动打开压力保障装置的翻转门,该翻转门出口连接车外,保证室内气体经箱体内腔及出口排出室外,降低机械间内压力。

图 1-11　压力保障装置

在夏天，车内的空气经风道通过车体底架排入大气，在冬天，需将该风道封堵，空气在车内进行循环，此时需要减少风扇的风量，或只打开一个风扇即可。

第三节　电气线路

一、机车主电路

机车主电路主要由网侧电路、主变压器、主变流器及电机变流器等组成。

（一）网侧电路

网侧电路由受电弓 PG1、PG2，高压隔离开关 QS1、QS2，电流传感器 TA1、TA2、TA3，带三组独立次边绕组的高压电压互感器 TV1，主断路器 QF1，高压接地开关 QS3，避雷器 F1、F2、F3，模拟监测保护装置 AMP1、AMP2，智能型电度表 PWH，主变压器原边绕组 AX 及回流接地装置 EB1～EB6 等组成。网侧电路如图 1-12 所示。

1. 受电弓 PG1、PG2

采用单臂受电弓，设置了受电弓预选软开关和受电弓升/降开关。

2. 高压隔离开关 QS1、QS2

高压隔离开关采用电空控制方式，当开关打至“隔离”位时，动触头端自动接地，确保故障端受电弓可靠接地，保证高压柜内部的安全可靠。

一台受电弓发生故障时，可通过微机显示屏上的受电弓预选软开关将其隔离。通过列车网络控制系统（TCMS）发出指令来控制相应的电空阀，实现高压隔离开关的开闭操作，以切除故障的受电弓，同时使用另一台受电弓维持机车正常运行，降低机破风险，提高机车运用可靠性。

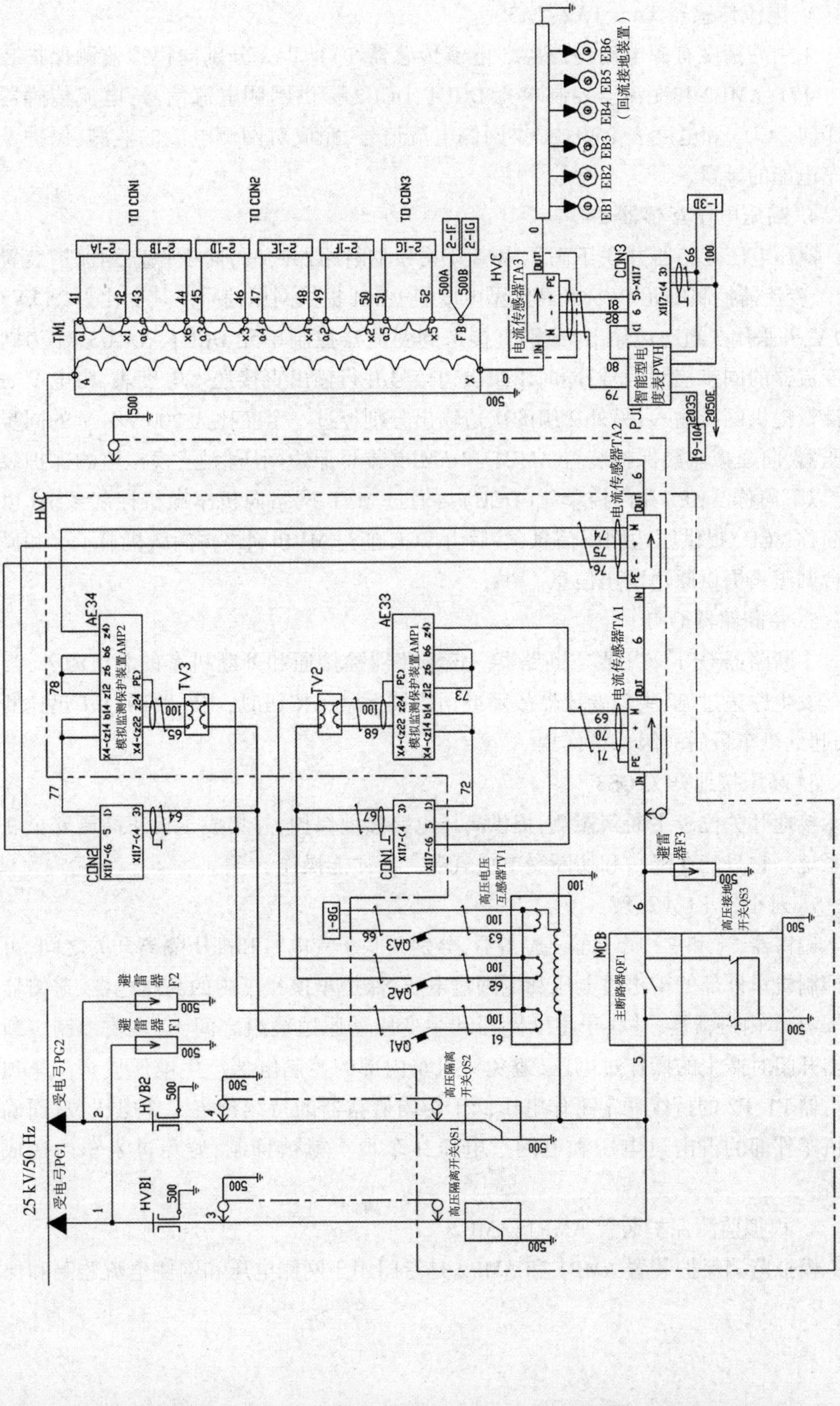
25 kV/50 Hz
受电弓PG1
受电弓PG2
HVB1
HVB2
避雷器F1
避雷器F2
高压隔离开关QS1
高压隔离开关QS2
高压电压互感器TV1
QA1
QA2
QA3
1-8G
CON1
CON2
TV2
TV3
AE33
AE34
模拟监测保护装置AMP1
模拟监测保护装置AMP2
主断路器QF1
MCB
避雷器F3
高压接地开关QS3
电流传感器TA1
电流传感器TA2
电流传感器TA3
HVC
CON3
智能型电度表PWH
PJ1
19-10A
2035
2050E
1-3D
TM1
TO CON1
TO CON2
TO CON3
2-1A
2-1B
2-1D
2-1E
2-1F
2-1G
500A
500B
EB1 EB2 EB3 EB4 EB5 EB6
（回流接地装置）

图1-12 网侧电路

3. 电流传感器 TA1、TA2、TA3

采用高精度有源电流传感器。电流传感器 TA1、TA2 分别向模拟监测保护装置 AMP1、AMP2 和变流器控制单元 DCU1、DCU2 提供网侧电流信号，电流传感器 TA3 向 DCU3 和电度表 PWH 提供网侧电流信号，完成对网侧电流的监测、保护及机车电能的计量。

4. 高压电压互感器 TV1

高压电压互感器并联于高压隔离开关和主断路器之间，向模拟监测保护装置 AMP、变流器控制单元 DCU 和智能型电度表 PWH 提供网压信号。其变比为 25 kV/200 V，并采用 3 组次边输出，分别直接送到变流器控制单元 DCU1 ~ DCU3，作为网侧变流器的同步控制信号；同时 1 组次边信号并行输出直接送入电度表，为电度表的计量提供网压输入；另外 2 组的次边输出分别经过一个变比为 200 V/4 V 的同步变压器，向模拟监测保护装置 AMP1 和 AMP2 提供原边网压信号，模拟监测保护装置（以下简称 AMP）和门控单元（DCU）再通过 MVB 网络向机车微机控制系统（以下简称 VCU）提供原边网压信息，然后由 VCU 通过 MVB 网络再向微机显示屏和操纵台网压表提供原边网压信息。

5. 主断路器 QF1

主断路器 QF1 采用真空断路器。该断路器除接通和开断机车的总电源外，当机车发生原边过流、主辅变流器故障或司机按下紧急按钮时，主断路器 QF1 迅速断开，起到机车最后一级保护作用。

6. 高压接地开关 QS3

接地开关位于主断路器侧，提供高压电路接地保护，并集成于机车高压安全联锁系统。它只能在降弓和切断受电弓气源之后才能操作。

7. 避雷器 F1、F2、F3

避雷器 F1 和 F2 属于车顶避雷器，分别并联于受电弓和高压隔离开关之间，可以抑制机车外部的雷击过电压和电网过电压，保护车顶和车内的高压电器；避雷器 F3 属于车内避雷器，并联于主断路器和主变压器原边绕组之间，它主要抑制主断路器开闭时产生的操作过电压，避免对机车内部的控制电器产生电压侵害。车顶避雷器 F1、F2 的持续额定工作电压低于柜内避雷器的持续额定工作电压，从而确保机车外部的雷击过电压和电网过电压在车顶上就被抑制，避免进入车内造成危害。

8. 模拟监测保护装置 AMP1、AMP2

模拟监测保护装置 AMP1 和 AMP2 是专门用于网侧电压和网侧电流监测和保

护的专用控制装置。当网侧电压偏离允许值或网侧电流的有效值或浪涌值在一定时间内超过保护极限值时，AMP 串联在主断路器线圈中的触点将被打开，直接以硬线方式实现快速跳主断路器，同时 MVB 网络将此信息通知 VCU，完成在微机显示屏上的故障信息显示。VCU 通过控制 AMP，实现对机车主断路器的开闭控制。

9. 回流接地装置 EB1～EB6

回流接地装置保证网侧回路向钢轨的回流及机车可靠的接地性能，同时保护机车轮对轴承不受电蚀。

（二）主变压器

机车主变压器设有 6 组牵引绕组，分别经过 3 组变流柜，实现对机车牵引系统、辅助系统及控制系统的供电。另外变压器内还设有 3 组滤波电抗器，分别与变流柜内的谐振电容串联构成 3 组谐振电路，并联于变流柜的中间直流回路，吸收网侧单相电压引起的功率脉动，并与中间直流回路的电容一起实现从网侧变流器到电机变流器的解耦。主变压器内设有 3 个 PT100 温度传感器、压力释放阀、油流继电器等，完成对变压器的温度、过压等保护。

（三）主变流器

1. 机车装有 3 个变流柜，每个变流柜的主电路和控制电路相对独立，分别向 6 个牵引电动机和整车辅助系统提供交流变频电源。当一组变流器发生故障时，通过微机控制系统 VCU，自动将故障的变流器切除，也可通过微机显示屏隔离某个变流器，机车维持 2/3 的牵引动力继续运行，辅助系统通过故障切换，由两组辅助变流器完成对全车辅助系统及控制系统的供电，实现机车的冗余控制。

2. 每个变流柜由 2 个网侧变流器、2 个电机变流器和 1 个辅助变流器组成，他们共用一套中间直流环节。2 个电机变流器分别向 2 台电机供电，电机可以是同一转向架的，也可以是不同转向架的。辅助变流器的电源取自牵引变流器的中间直流电路，其输出经后续的辅助隔离变压器、滤波环节等向机车辅机供电。

（四）电机变流器

1. 电机变流器连接到直流环节，输出三相变压变频（VVVF）电源给牵引电动机。根据控制指令，变流器能够平稳快速地从牵引工况转换到制动工况，反之亦然，这个过程由变流器控制单元来实现，在制动工况，再生能量反馈到接触网（再生制动）。

2. 机车的6个电机变流器分别向6台牵引电动机供电。电机变流器采用了最新的控制策略，在整个速度范围内力矩的波动最小，并且在轨面状态不好的情况下获得最大限度的黏着利用。由于整车采用轴控方式，当整台机车的6个轴的轮径差、轴重转移及空转等可能引起的负载分配不均匀时，均可以通过牵引变流器的控制进行适当的补偿，以实现最大限度地发挥机车牵引力。

（五）能量计量

机车设置1台电度表PWH，通过采集原边低压电流传感器TA3和高压电压互感器TV1提供的电流和电压信号来实现电能的计量，可分别用于机车牵引工况和再生制动工况的电能计量。

二、机车辅助电路

机车辅助电路从功能上可以分成相对独立的三部分电路，三相辅助电动机供电电路、辅助加热装置电路和库用电源回路。

（一）三相辅助电动机供电电路（图1-13）

机车设有3组独立的三相辅助电源，每组电源由三相辅助变流器、辅助滤波变压器、滤波电容、接触器、自动开关及对应辅机等构成。

3组辅助电源的输出范围为从115 V/15 Hz到460 V/60 Hz，当一组电源故障时，其他两组电源仍可保证机车辅助系统的正常工作，实现冗余控制。3组辅助变流器分别位于3个主变流柜中，3组辅助隔离变压器、滤波电容、接地检测保护装置、电源接触器、故障切换接触器、预充电接触器、预充电电阻等位于AFC辅助滤波柜中。

1. 辅助电源供电

（1）辅助电源1经自动开关向两台牵引变压器和变流器的冷却塔通风机电机供电。

（2）辅助电源2经过自动开关向两台牵引电动机通风机电机供电。

（3）辅助电源3经过自动开关和接触器向对应的空压机、油泵、水泵、变流器风机、司机室空调、机器间通风机、蓄电池充电器、各类单相辅助加热器等供电。

2. 辅助电源故障转换

辅助电源1和辅助电源2中任何一个故障时，通过故障接触器的切换，转由另一个辅助电源对辅助电源1和辅助电源2的负载共同供电，此时该辅助电源由变频变压改为定频定压供电方式。当辅助电源3故障时，通过故障接触器的切换，转由

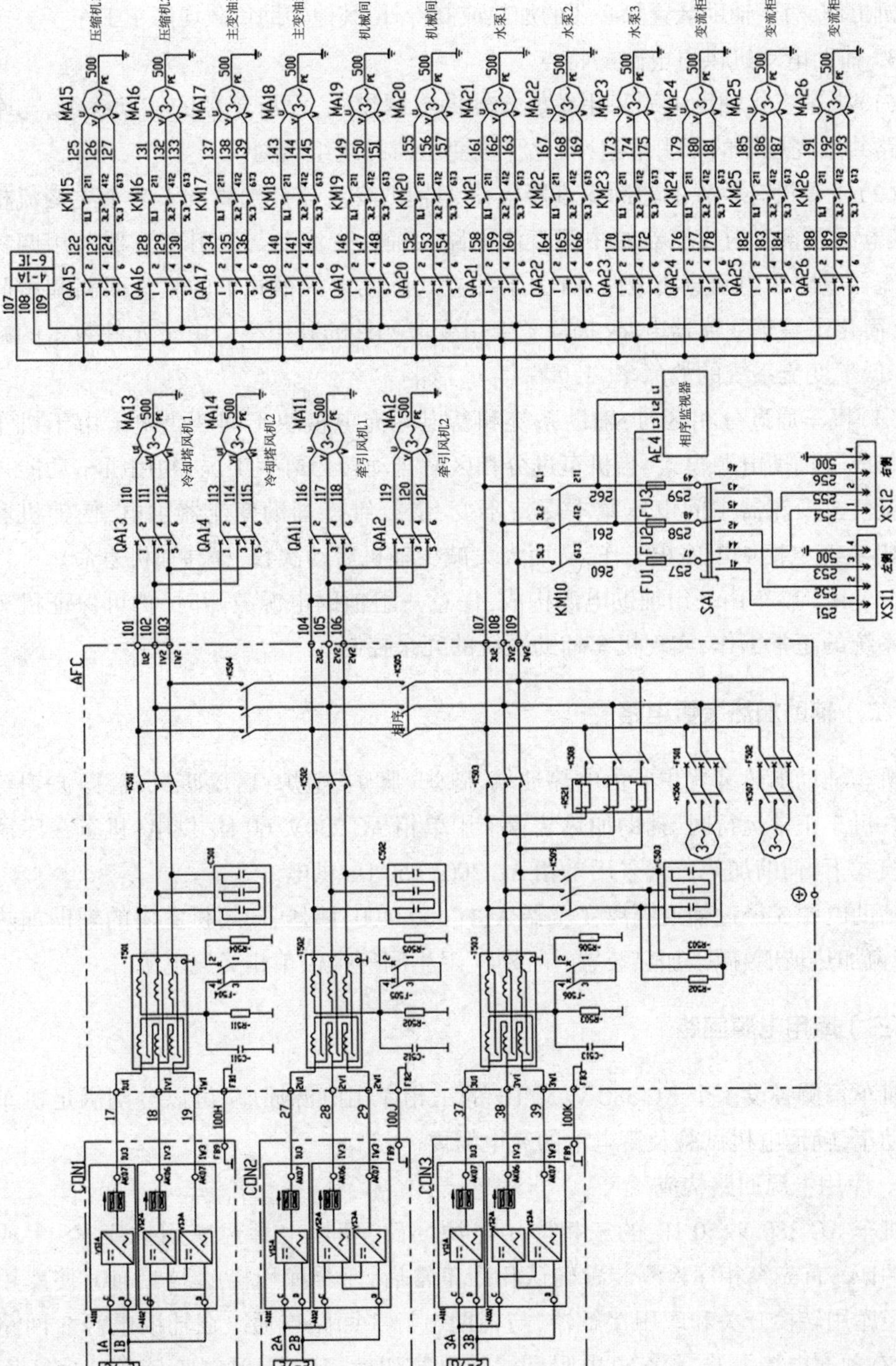

图1-13　辅助电动机供电电路

辅助电源2对辅助电源3的负载及辅助电源2的负载共同供电，但此时只允许一台压缩机工作，对于辅助装置除必要的加热或制冷外，其他辅助负载均停止工作。

3. 辅助电动机供电电路的特点

(1)机车三相辅助电源采用集成式辅助电源模式，没有单独的辅助绕组，与牵引回路共用变压器的牵引绕组，简化了主变压器的绕组结构。

(2)机车没有单独的辅助变流器柜，3组辅助变流器分别集成于3个主变流柜中，其电源取自牵引变流器的中间直流电路。辅助变流器与牵引变流器共用四象限整流器电路和中间直流电路，省去了独立式辅助电源模式下的整流回路和中间回路，简化了整车变流器电路，提高了牵引变流元件的利用率。由于元件数量的减少，降低了变流系统的故障率。

(3)机车通过分相区时，辅助系统和蓄电池充电模块不间断供电。由于机车采用集成式辅助电源模式，当机车过分相区时自动转为再生工况，利用机车动能再生能量使主变流器中间电压基本保持不变，继续维持辅助变流器供电，使辅机和DC 110 V充电模块不停止工作，从而大大减少辅机启动次数，提高辅机寿命。

(4)由于整车由3组辅助电源构成，任意一组辅助电源故障时，仍可保证机车辅助系统的正常工作，实现机车辅助系统的冗余控制。

（二）辅助加热装置电路

机车辅助加热装置主要由电热玻璃、膝炉、脚炉、壁炉、后墙暖风机、微波炉等构成。机车正常运行时，辅助加热装置采用单相AC 230V/60 Hz供电；机车在库用电源模式下，辅助加热装置采用单相AC 200V/50 Hz供电。

辅助电源3经过辅助隔离变压器AT1(460/400)降压，向司机室内的辅助加热设备、窗加热玻璃、撒砂加热装置、微波炉、卫生间等提供单相交流电源。

（三）库用电源回路

机车每侧各设1个AC 380 V/50 Hz的三相库用电源插座，可以分别满足机车库内动车、辅助电机试验及蓄电池的充电需要。

1. 库用电源回路构成

机车AC 380 V/50 Hz的三相库用电源回路，库用电源经库用插座XS11或XS12引入，首先经相序检测装置确认相序正常后，闭合库用接触器KM10，使库用电源经库用转换开关和库用接触器，与辅助电源3回路连通。在辅助电源3回路中，设有预充电接触器、预充电电阻和滤波电容切换接触器，通过变流器3完成库内动车。同时库用电源向 DC 110 V 充电回路提供 3 相输入电源，保证 DC 110 V 充电模块的正常工作。

2. 三相库用电源操作模式

在微机显示屏上设有库用模式选择开关，通过操纵该开关，可以实现机车库内动车和各类辅机的库用试验，如压缩机、牵引风机电机和油泵等。

主断路器断开条件下，司机可进行库用模式操作。首先应保证升弓钥匙开关在“正常”位，将位于辅助电源柜 ADC 的库用开关打至“Ⅰ端库用”位或“Ⅱ端库用”位，然后将辅助配电柜 ADC 和辅助滤波柜 AFC 的门闭合到位，并将地面电源插座插入机车对应的库用插座，再闭合电源开关。地面电源送电后，首先经相序检测装置确认库用电源相序正常，库用接触器才会闭合，库用电源送入机车。司机将电钥匙从“0”位打至“2”位，微机系统上电，蓄电池充电模块开始工作，操纵端司机室被确认，机车可以实现以下库用功能：

(1)库内动车在操纵端司机室，通过微机显示屏选择库内动车模式，辅助变流器 3 的预充电回路接通，对变流器 3 的中间直流回路开始充电。在库内动车模式下，机车制动只能采用空气制动，因此库内动车前，VCU 首先确认总风压力是否满足要求，如果风压低于 750 kPa，首先控制压缩机进行打风，并闭合辅助变流器 3 的风扇和水泵及辅助滤波柜 AFC 的风扇，司机根据微机显示屏提示确认库内动车条件具备后，才可操纵司控器实现机车的库内动车。

(2)辅机库用试验

在库用模式下，司机通过微机显示屏进入辅机试验界面，激活不同的辅机软开关，可实现对不同辅机的动作和旋向等的确认。辅机库用试验时，通过软件互锁只能投入一台辅机，司机需根据微机显示屏提示，手动操纵一些自动开关的开闭，来保证单个辅机逐个进行试验。

(3)DC 110 V 充电电源模块的库内动作试验

机车在库内动车模式或辅机库用试验时 DC 110 V 充电电源模块均可以工作，对蓄电池进行库内充电；如果微机控制系统不上电，但库用电源条件具备的情况下，DC 110 V 充电电源模块仍可工作，完成对蓄电池的充电。

三、机车微机网络控制系统

(一)概述

机车微机网络控制系统基于 TCN 网络标准结构形式，通过车辆总线(以下简称MVB)连接车上各相关设备,重联机车之间采用列车总线(以下简称WTB)连接,机车的牵引控制系统是由多微机环境组成,包括列车控制级、机车控制级和驱动控制级,此外还包括CCBⅡ制动系统的微机网络控制系统及行车安全装置的微机网络控制系统。微机网络控制系统如图1-14所示。

列车及机车控制级功能的处理由机车控制单元VCU实现;驱动控制级功能由驱动控制单元DCU实现;外围设备信号输入及输出由分散的I/O模块完成;CCBⅡ制动系统由IPM集成处理模块完成;行车安全装置由其自带的微机网络系统完成。预留的LOCOTROL系统,其微机控制系统将与CCBⅡ制动系统共用一套微机系统IPM,软件需要升级,与机车控制系统之间采用MVB网络进行信息交换。

（二）机车微机网络控制系统构成及特点

1. 机车微机网络控制系统构成

机车微机网络控制系统硬件设备主要由TCMS柜内的2组VCU控制单元、2组网关TCN-GW、5组SC星形适配器、2组电缆切换开关以及位于司机室的微机显示屏、位于变流柜内的DCU控制单元、位于空气管路柜内的IPM及分布于各个电器柜内的输入输出(I/O)模块和高压柜内的AMP模拟监测保护装置等构成,通过他们实现了整车的分布式网络控制。

2. 机车微机网络控制系统特点

(1)采用先进的分布式微机网络控制系统,其通信方式基于MVB、WTB和以太网。MVB是为了实现机车的控制而进行信息传递,WTB是为了实现重联机车之间的信息交换,以太网主要用于软件下载、信息采集、程序调试及VCU与显示屏之间的信息传递。

(2)车内各电子控制设备采用基于TCN网络标准的结构形式,通过MVB车辆总线实现相关设备之间的信息传递,由TCMS柜去往各设备之间通过星形适配器采用光缆连接,柜内设备之间采用双绞屏蔽电缆连接,以提高其电磁兼容性能。

(3)为提高系统的可靠性,MVB被分割成3段,设为第一段、第二段及第三段,三段传递的信息是相同的,对于不具备冗余的重要设备采用双段信息输入,当某一段MVB通信故障时,其他两段仍可实现信息传递,从而确保机车的安全可靠运行。

(4)机车控制单元VCU、网关TCN-GW、电缆切换开关、SC星形适配器及输入输出模块(I/O)均采用冗余配置模式,从而提高了机车微机网络控制系统的可靠性,实现了机车的冗余控制。

(5)重联机车之间采用WTB列车总线连接,实现机车的重联控制。

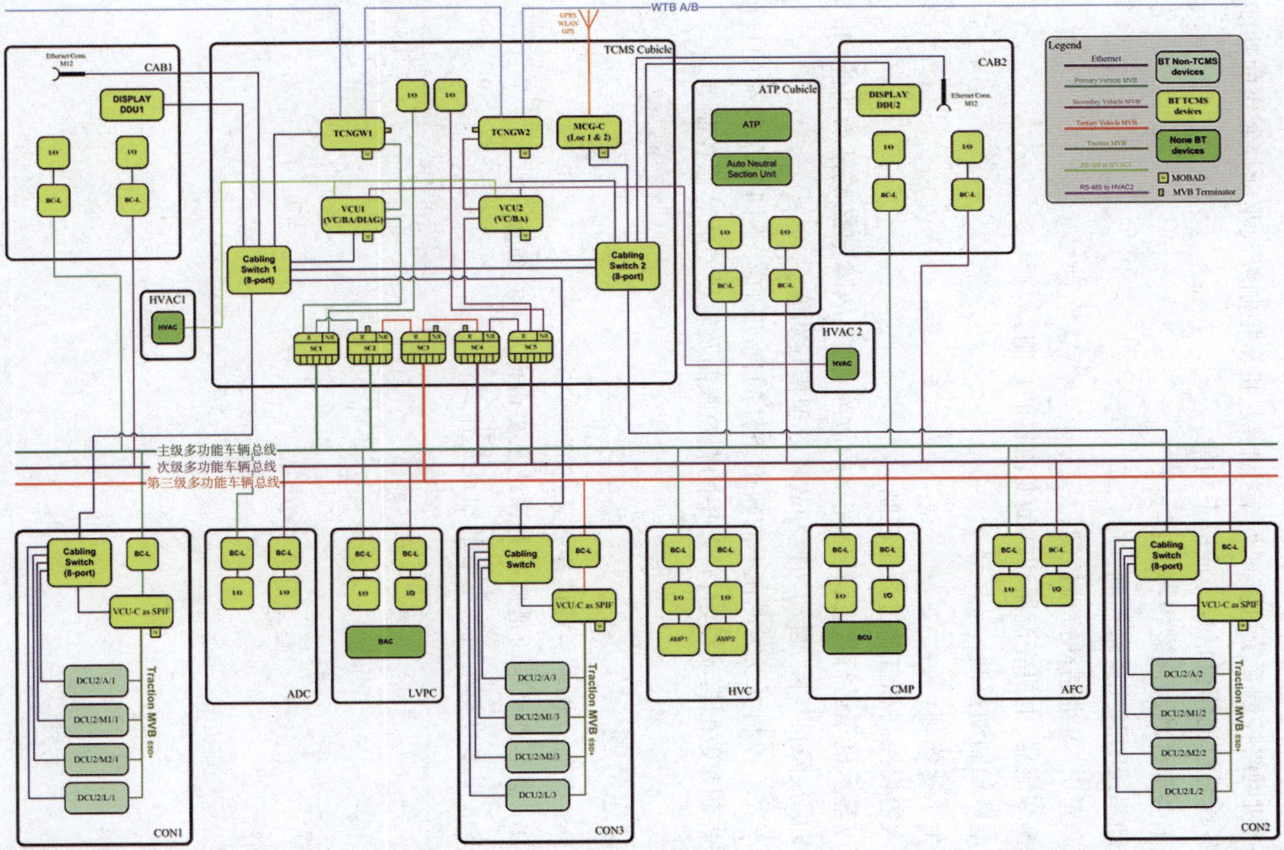

AFC—辅助滤波柜；CMP1—空气管路柜；HVC—高压柜；LVPC—低压电源柜；ADC—辅助配电柜；CON1—变流柜1；CON2—变流柜2；CON3—变流柜3；HVAC1—空调1；HVAC2—空调2；ATP—行车安全柜；TCMS—微机控制柜；CAB1—Ⅰ端司机室；CAB2—Ⅱ端司机室。

图1-14　微机网络控制系统

（三）机车微机网络控制系统功能

机车微机网络控制系统可实现列车控制级、机车控制级及驱动控制级的功能。其核心任务就是根据司机指令完成以下功能：

1. 机车各部件的顺序逻辑控制；

2. 传动系统的时序逻辑控制；

3. 机车牵引/再生制动特性控制；

4. 网侧变流器、电机变流器和辅助变流器的控制；

5. 空电联锁制动控制；

6. 机车重联控制；

7. 无人警惕控制和自动过分相控制；

8. 可以显示机车运行状态，具备完整的故障保护、故障记忆及显示功能，并具有一定程度的故障自排除、自动切换和故障处理指导功能；

9. 机车黏着控制可以实现在不同轨道条件的自动适应，不同列车载荷的自动适应，最佳控制参数的自动设定，转差率的有效限制及轮径差的补偿控制等。

复习思考题

1. HXD3B 型电力机车车顶设备布置有哪些？

2. HXD3B 型电力机车的通风冷却系统主要由哪几部分组成？

3. HXD3B 型电力机车网侧电路的组成是什么？

第二章 HXD2型电力机车专业知识

知识目标

掌握HXD2型电力机车的总体结构、主要特点和技术参数，了解机车的电传动方式、速度、制动方式和牵引力等关键性能指标。

能力目标

能够对HXD2型电力机车进行专业的操作和维护，能够分析和解决机车运行中可能出现的技术问题。

素质目标

树立安全意识，确保机车运行安全。培养专业精神，提升新职学员专业素质。

第一节 HXD2型电力机车总体

一、概述

HXD2型电力机车是交流传动八轴9 600 kW的货运电力机车，采用2(B_0-B_0)配置。机车由双节机车(A节、B节)连挂组成，采用“交—直—交”的电传动方式，25 kV/50 Hz的电压制式，单轴控制，电压型牵引变流器和三相交流异步牵引电动机。

HXD2型电力机车与既有交-直传动机车相比，具有恒功范围宽、轴功率大、黏着特性好、功率因数高、谐波干扰小、维护率和全寿命运营成本低、运营安全可靠、适用范围广等优点。

机车单轴功率 1 200 kW，最高运用速度 120 km/h。机车在海拔不超过 2 500 m，最大相对湿度（该月月平均最低温度不低于 25 ℃）95%，环境温度（遮阴处）在 −25～+40 ℃可正常运行，采取加温和防寒措施后可在−40 ℃的环境条件下按照机车额定功率正常工作，能承受风、沙、雨、雪、煤尘和偶有的沙尘暴等气候条件，使机车的适用范围非常广泛。

二、技术特点

1. 机车轴重为 25 t。

2. 机车工作的环境温度−40～+40 ℃之间。

3. 机车总体设计采用模块化设计技术，大部分部件基于 HXD_2 系列机车平台设计，其先进性、成熟性、通用性和可靠性得以充分的体现。

4. 机车采用宽大于 700 mm 的中间走廊，增加了所有设备的易接近性；机车采用整体独立通风系统，防止机械间设备污染，保证了司机室的清洁。

5. 机车实行独立轴控方式，包括四象限整流控制、逆变控制、防空转/防滑控制和安全保护控制。

6. 机车变流技术采用了先进的 IGBT 元件，使机车单轴功率可达到 1 200 kW。机车总功率达到 9 600 kW。变流模块采用易拆卸技术，这些模块还带有定位针，防止不同模块的错插。

7. 两组相同的辅助变流器为机车提供辅助电源。通常一个变流器提供 380 V 50 Hz 频率的电源，而另一个提供变频电源。在降级运行模式工况下，每个变流器都能为全部辅助设备供电。

8. 按照用户要求配置机车信号设备及无线列调设备。

9. 整体承载式焊接车体结构，无横梁框架式波纹板侧墙，有中梁与台架合成统一的底架，具有良好的工艺实现能力；可以承受纵向压缩 3 600 kN 和拉伸 2 500 kN 的高强度；在−40 ℃低温下具有良好冲击韧性值的特殊原材料，使机车的适用范围更广。

10. 采用 B_0-B_0 转向架、采用分体轮对，机车装有轴承故障监测装置，保证了机车运行黏着利用的高效、安全和舒适。

11. 司机室设计满足规范化司机的设计要求，机车采用双座椅，满足单司机操纵要求。配备了微波炉、冰箱及热水壶，方便了司乘人员的日常所需。

12. 高度重视防火性能，机车在设计、制造以及原材料、部件防烟火特性等方面严格遵循相关标准的规定。

三、主要技术参数

（一）总体参数

轨距	1 435 mm
轴式	2(B_0-B_0)
机车速度	120 km/h
机车整备质量	$2\times100\times(1^{+1\%}_{-3\%})$ t
轴重	25 t

（二）尺寸限界

机车在受电弓降下时在平直轨道上,机车外形尺寸符合《标准轨距铁路机车车辆限界　第 1 部分:机车车辆限界》的要求。

车钩中心线距轨面高度(新轮)	(880±10)mm
受电弓降弓状态时滑板距轨面高度(新轮)	≤4 800 mm
在牵引时,受电弓滑板距轨面工作高度	5 200~6 500 mm
齿轮箱最低点距轨面高度不小于(新轮)	120 mm
机车排障器距轨面高度(在踏面允许磨耗范围内可调)	(110±10)mm
转向架扫石器距轨面高度(可调)	30 mm

（三）主要结构参数

机车前后车钩中心距(单节机车)	19 075 mm
机车车体宽度	2 855 mm
机车最大宽度(车体外附属设备处于工作状态)	3 285 mm
机车车顶距轨面高度	3 874 mm
机车转向架中心距	10 060 mm
机车转向架固定轴距	2 600 mm

（四）主要控制参数

机车功率发挥曲线如图 2-1 所示。

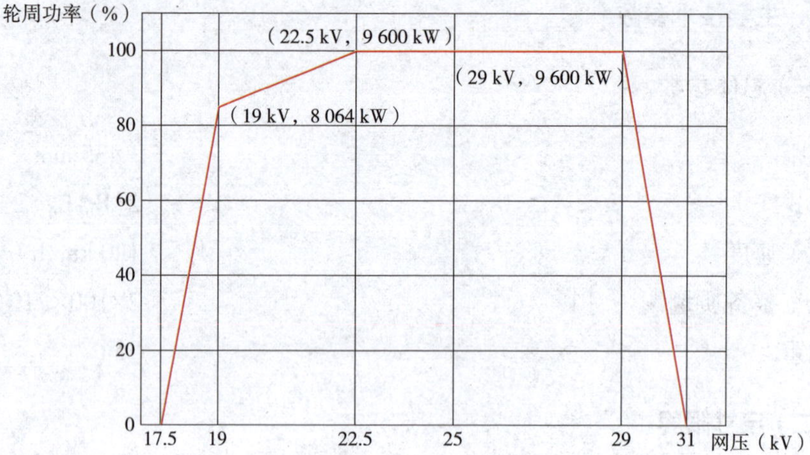

图 2-1　机车功率发挥曲线

在 22. 5 kV 到 29 kV 网压下，机车轮周功率为 9 600 kW；网压从 22. 5 kV 到 19 kV，轮周功率从 9 600 kW 线性减小，网压在 19 kV 时，机车轮周功率 8 064 kW；网压从 19 kV 到 17. 5 kV，轮周功率从 8 064 kW 线性下降到 0；网压从 29 kV 到 31 kV，轮周功率从 9 600 kW 线性下降到 0。

电压制式	AC 25 kV/50 Hz（允许在 17. 5～31 kV 范围内波动）
车轮周牵引功率（持续制）	9 600 kW
车轮周电制动功率（持续制）	9 600 kW
机车启动牵引力	≥760 kN
机车速度：	
恒功时最低速度	65 km/h
最高运行速度	120 km/h
最高试验速度	132 km/h
机车持续制牵引力	≥554 kN
机车最大再生制动力	≥510 kN
恒功率速度范围：	
牵引工况时速度	62. 4～120 km/h
再生制动工况时速度	67. 8～120 km/h

机车功率因数	接触网电压(正弦网压)22.5~27.5 kV,机车牵引功率在额定牵引功率的10%至100%范围内,≥0.98
等效干扰电流	机车在满功率牵引工况,距牵引变电所10 km处测量,接触网每公里0.63 Ω、64°的条件下,≤1.5 A
机车总效率(在机车额定功率牵引和额定网压下)	≥0.85

(五)牵引制动性能

机车牵引、制动特性曲线如图2-2所示。

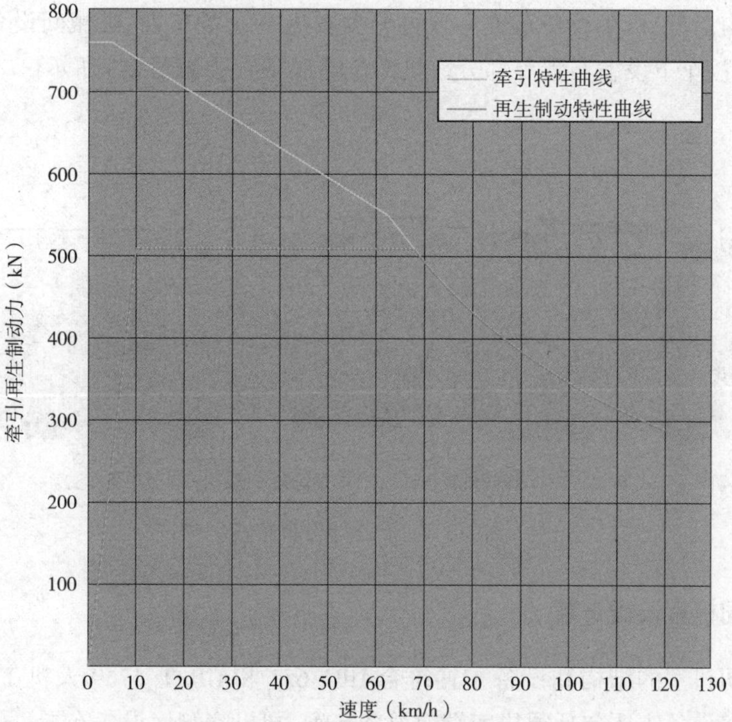

图2-2　机车牵引特性曲线

在牵引工况时,机车的启动牵引力760 kN,在10~62.4 km/h速度范围,按线性关系下降到554 kN,此时机车进入恒功区,然后以额定功率运行到120 km/h。机车额定牵引功率为 9 600 kW。

在制动工况时，在 0～5 km/h 速度范围内，机车的最大制动力从 0 线性上升到 510 kN；在 5～67.8 km/h 速度范围内，机车保持最大制动力 510 kN；在 67.8～120 km/h 速度范围内，机车以额定功率进行制动。机车额定再生制动功率为 9 600 kW。

第二节　机车设备布置

一、概述

机车的设备布置是按照标准化、模块化的设计理念，结合用户要求而完成的。机车由双节机车（A 节、B 节）连挂组成，两节机车（A 节、B 节）的结构基本相同，每节机车具有单端司机室，两节机车（A 节、B 节）的两个司机室通过中间走廊以及两节机车连挂处的橡胶风挡、渡板相贯通。

从结构上分，机车设备布置大致可分为司机室设备布置、机械间设备布置、车顶设备布置、车下设备布置等部分。机车总体设备布置如图 2-3 所示。

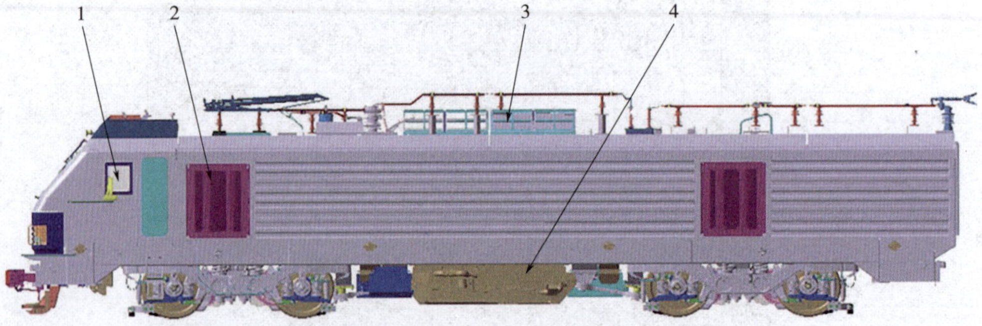

1—司机室设备布置；2—机械间设备布置；3—车顶设备布置；4—车下设备布置。

图 2-3　机车总体设备布置

二、司机室设备布置

机车司机室的结构和设备布置符合 UIC 651 和 GB/T 6769 人机工程学的要求。司机室设备主要包括司机室端部设备布置、司机室侧面设备布置、司机室顶部设备布置、司机室内部设备布置、司机室内侧墙设备布置、司机室内前部设备布置、司机室顶棚设备布置、司机室后墙设备布置。司机室整体如图 2-4 所示。

图 2-4　司机室整体

1. 司机室端部设备布置

端部布置的设备有刮雨器、标志灯、辅照灯、路徽、司机室空调、过线盒等。司机室前端整流罩设置有检修门，便于针对司机空调、过线盒、标志灯、辅照灯实施检修。

2. 司机室侧面设备布置

司机室左、右侧面设备相同，均布置有扶手杆、后视镜、上车踏板及侧窗。

3. 司机室顶部设备布置

顶部布置的设备有头灯箱体（内置有前照灯）、高音喇叭（2 组）、低音喇叭、电笛、无线重联系统（复合天线、GPS 天线）、LCIR 系统（GSMR 天线、GPRS 天线、450 MHz 天线）（GPS 天线仅 B 节车安装，LCIR 主机安装在 B 节车安全设备柜内）。

4. 司机室内部设备布置

司机室采用双座椅单司机值乘方案，主、副台各有 1 把司机座椅。司机室座椅采用固定底座，座椅与操纵台之间的人机关系满足 UIC 651 标准要求。

（1）操纵台概述

操纵台作为电力机车人机交互的主要部件，其功能主要是通过各个控制电器件，向机车控制系统发出指令；同时通过其上面的仪表、显示屏来反馈和显示机车各部分的运行状态，以实现控制机车的牵引、制动等功能。

司机通过操纵台上的电钥匙开关，可以实现对整个机车电源启动及断开操作；通过控制扳键开关，可以对受电弓进行升降操作，对主断路器进行合分操作，对车外、车内及底架下的照明进行控制；通过操作主司机控制器，可以对机车进行运行、加速、减速等控制；通过操作相应按钮和开关，可以在运行过程中进行过分相操作；通过操作制动控制器和紧急按钮，可以进行机车制动及紧急制动操作。

在机车运行过程中，操纵台模块上的各种显示设备可以显示机车运行状态和线路状态。通过制动显示屏和压力表，可以显示总风缸、均衡风缸、总风管、列车管、制动缸压力和列车充风流量的信息以及故障诊断和报警信息；通过微机显示屏，可以显示机车运行时各部件的运转状态以及机车牵引信息；通过监控显示屏，可以显示机车运行的当前及前方线路状况和运行实时速度。操纵台外形如图 2-5 所示。

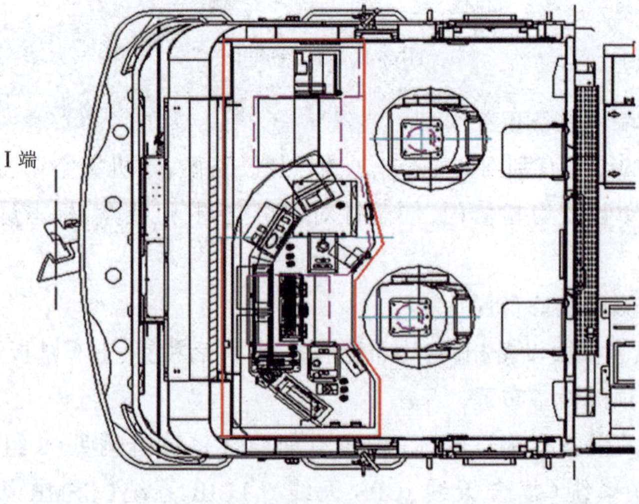

图 2-5　操纵台外形

(2)操纵台布置

机车操纵台设计采用双司机值乘方案，主要的显示设备和控制设备，均布置在主司机一侧；需要经常观测和操作的设备，都在主司机最佳视线及操作范围内；仅有一个高音风笛布置在副司机一侧。

操纵台分为上下两部分，上面操纵台部分安装显示设备及主要的控制设备；下部箱体分为左、中、右三个柜体，安装制动管路系统、控制 I/O 模块和刮雨器控制模块等设备；主副司机脚踏区域下面均安装脚炉，主司机脚踏区域安装撒砂脚踏开关、无人警惕开关和低音风笛脚踏开关。操纵台设备布置如图 2-6 所示。

图 2-6　操纵台设备布置

5. 司机室内侧墙及后墙设备布置

右侧墙布置的设备有刮雨器操纵杆，侧墙暖风机。

左侧墙布置的设备有刮雨器操纵杆，侧墙暖风机。

后墙布置的设备有暖风机、添乘座椅、灭火器、衣帽钩、紧急阀。

6. 司机室内前部设备布置

内前部布置的设备有单面八显灯(分左、右)、遮阳帘、风表模块、空调出风口、操纵台，如图 2-7 所示。

1—遮阳帘；2—八显灯；3—空调出风口；4—风表模块；5—操纵台。

图 2-7　司机室内前部设备布置

7. 司机室顶棚设备布置

轴流风扇、阅读灯、顶棚灯、语音箱，另外还设有插座检修孔和头灯检修门，方便顶棚电线路及前照灯的检修。

三、机械间设备布置

机械间采用中间走廊，走廊的宽度大约 700 mm，设备组件均安装在中央走廊的两侧，采用斜对称均衡布置。

两节机车（A 节、B 节机车）机械间设备布置基本相同，不同之处在于：在 A 节机车机械间布置有生活设备柜，B 节机车相同位置布置有卫生间。机车机械间设备布置如图 2-8 所示。

根据机车运行环境要求，在机械间安装预加热暖风机，总功率约 20 kW。在无线电台柜旁靠近Ⅱ端侧墙上安装 3 个 2 kW 的暖风机、在安全设备柜后侧墙上安装 4 个 2 kW 的暖风机，在第 1 顶盖下安装 1 个 1.5 kW 的暖风机，在气动柜上部安装 1 个 2 kW 的暖风机，构成机车机械间的预加热系统。

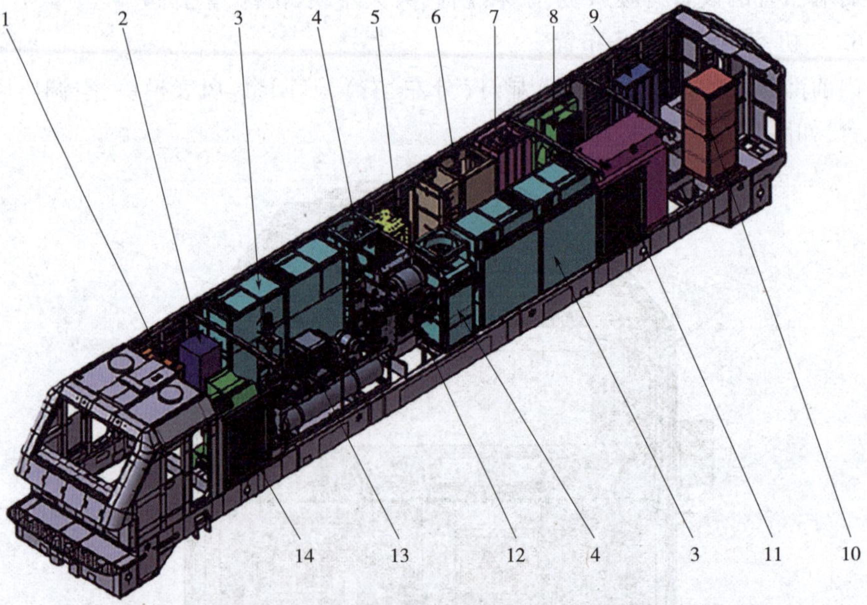

1—微机柜；2—6A柜；3—主变流柜；4—复合冷却塔；5—无线电台柜；6—通用柜；7—安全设备柜；8—端部通风；9—生活设备柜（A节）/卫生间（B节）；10—工具柜；11—辅助变流柜；12—制动柜；13—风源系统；14—侧墙过滤器。

图 2-8 机车机械间设备布置

四、车顶设备布置

两节机车(A 节、B 节)车顶设备布置分为第 1 顶盖设备布置、第 2 顶盖设备布置、第 3 顶盖设备布置。两节机车(A 节、B 节)的第 1 顶盖设备布置、第 2 顶盖设备布置完全相同,A、B 节机车顶盖设备布置的区别在于 B 节机车第 3 顶盖上安装有卫生间通风口。两节机车(A 节、B 节)的车顶高压电路通过安装在第 3 顶盖上的高压连接器连接。A 节机车顶盖设备布置如图 2-9 所示。

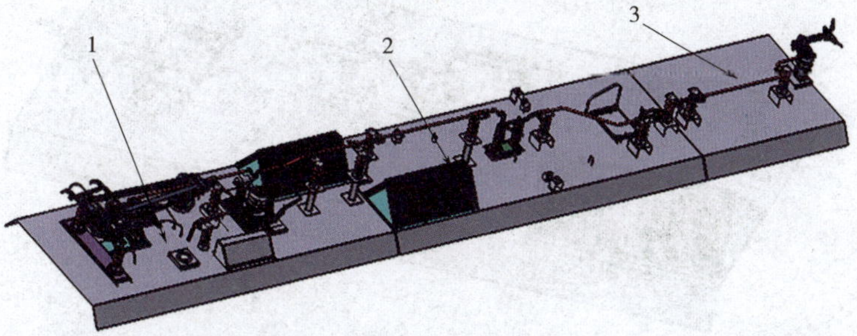

1—第1顶盖设备布置；2—第2顶盖设备布置；3—第3顶盖设备布置。

图 2-9 A 节顶盖设备布置

(一)第 1 顶盖设备布置

第 1 顶盖上部安装的设备有受电弓、高压电压互感器、带有避雷器和扼流电抗器的主断路器组件、接地开关、受电弓支持绝缘子、母线支持绝缘子、母线、高压套管、压缩机排风口罩和风道组装等。第 1 顶盖上部设备布置如图 2-10 所示。

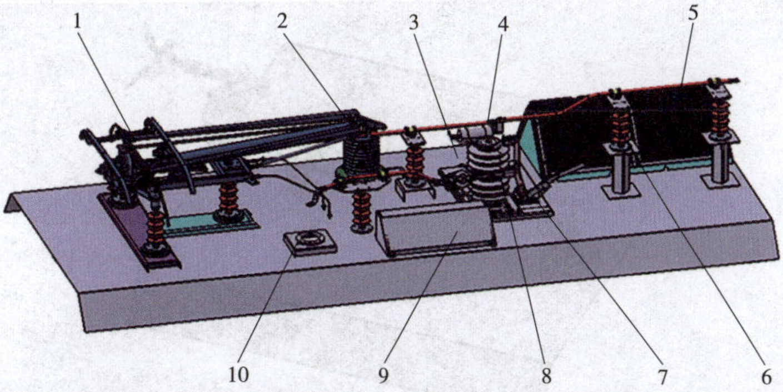

1—受电弓；2—高压电压互感器；3—避雷器；4—扼流电抗器；5—风道组装；
6—母线支持绝缘子；7—接地开关；8—主断路器；9—压缩机风口；10—25 kV套管。

图 2-10 第 1 顶盖上部设备布置

（二）第 2 顶盖设备布置

第 2 顶盖上部安装的设备有高压隔离开关 1 个、母线支持绝缘子 5 个、母线 3 组、人孔盖(活动天窗) 1 组、人孔盖接地装置 1 组、透气网装配 1 组和空气过滤器 2 组等。第 2 顶盖下部安装的设备有车内照明灯 2 组、登顶梯 1 组、人孔盖锁 1 个、布线和布管等。第 2 顶盖设备布置如图 2-11 所示。

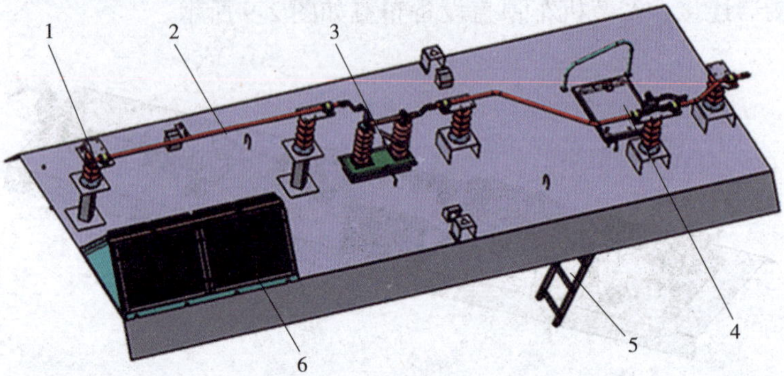

1—绝缘子；2—母线；3—高压隔离开关；4—活动天窗；5—梯子；6—风道组装。

图 2-11　第 2 顶盖设备布置

（三）第 3 顶盖设备布置

A 节第 3 顶盖安装的设备有母线支持绝缘子、母线和高压连接器等。B 节第 3 顶盖安装的设备有母线支持绝缘子、母线、高压连接器、卫生间通风口等。第 3 顶盖(A 节)设备布置如图 2-12 所示。

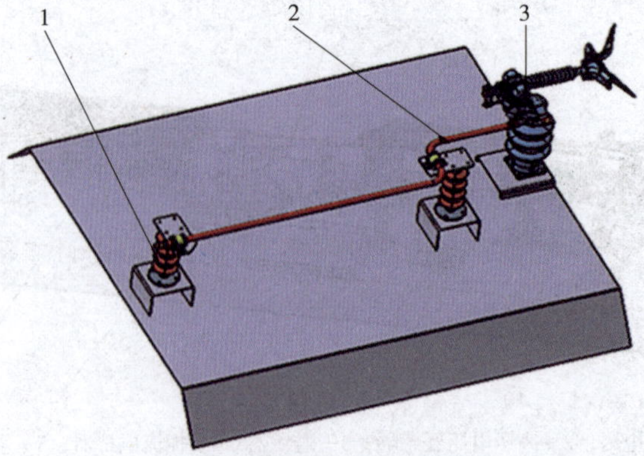

1—绝缘子；2—母线；3—高压连接器。

图 2-12　第 3 顶盖设备布置(A 节)

五、车下设备布置

车下布置的设备有2组转向架、1组主变压器、3组蓄电池柜、2组380 V插座箱、4组底架照明灯等,车下设备布置如图2-13所示。

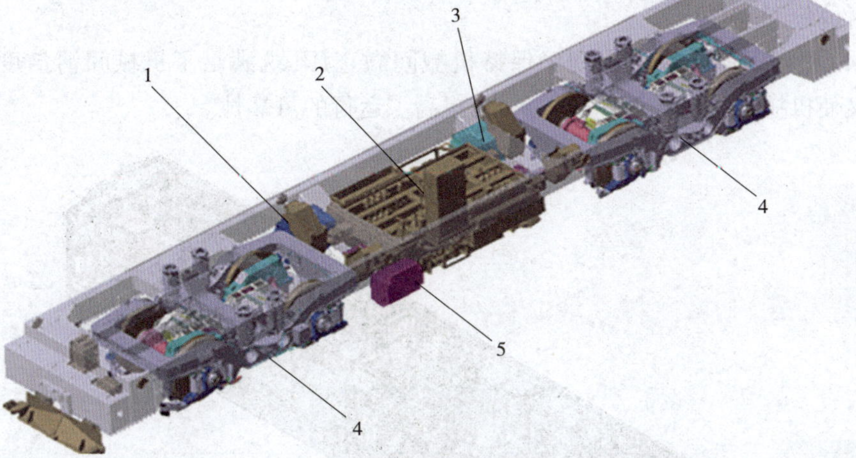

1—蓄电池柜三；2—主变压器；3—蓄电池柜二；4—转向架；5—蓄电池柜一。

图2-13　车下设备布置

六、机车通风系统

机车通风系统是电力机车的一个非常重要的系统,它的主要作用是冷却工作电流和电压都较大的电气部件,如牵引变压器、牵引变流器、辅助变流器、牵引电动机等,从而保证机车正常可靠的运行;另外,机车还设有司机室空调通风系统,以给司乘人员提供一个舒适的工作环境。

机车独立通风系统由端部通风系统、冷却塔通风系统、压缩机通风系统、辅助变流柜通风系统和空调通风系统等组成,如图2-14所示。除压缩机通风系统为车内吸风车内排风外,其余各部分均为独立从车外进风,经过风道,最后排出车外。各通风系统都有相对独立的风道,各风路系统相互不影响,进风量均匀,不需进行风量再分配。

通风系统设备布置按机车纵向中心线斜对称布置在机车中间走廊两侧。空调通风系统设备布置在两端司机室端部。机车采用独立通风方式,主要具有以下优点:

1. 通风系统设计采用高度集成化、模块化的设计思路。

2. 通风系统采用独立通风冷却方式，具有结构简单、进风面积大、风阻小、各通风支路风量分配均匀等特点。

3. 通风过滤系统能满足被冷却电气部件对空气洁净度的要求。冷却空气经过具有自动排尘功能的一级过滤器，再经过二、三级过滤器进入被冷却的部件，满足部件冷却的需要。

4. 机械间通风系统有利于保持机械间微正压，既满足了机械间清洁度的要求，又使机械间内电气部件少积灰尘，提高了运行的可靠性。

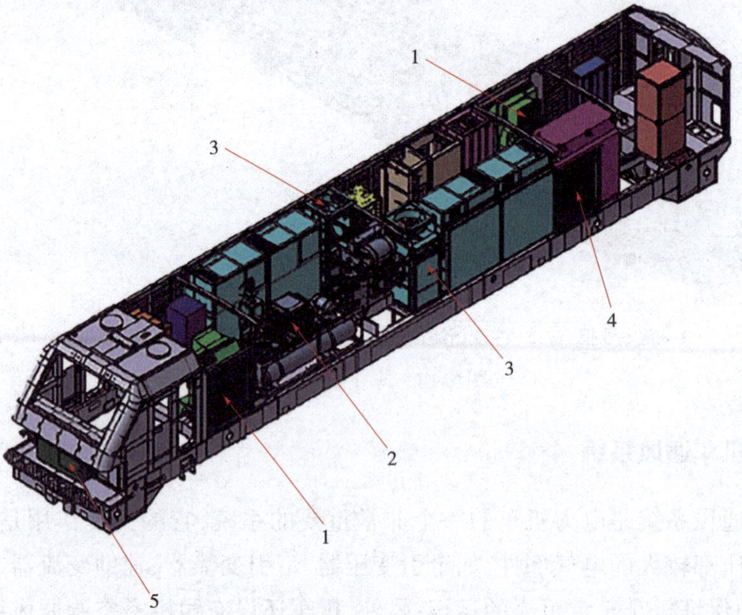

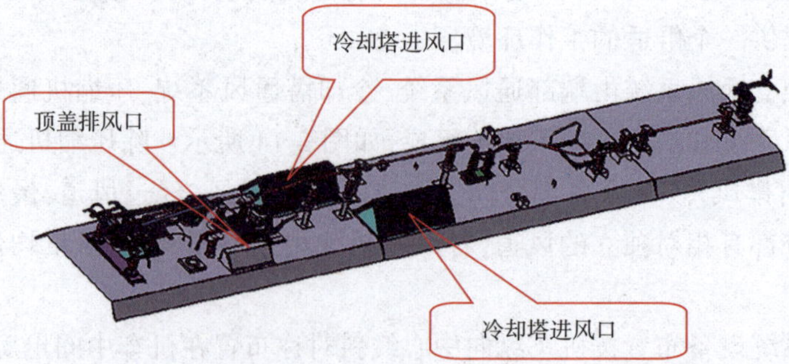

1—端部通风系统；2—压缩机通风系统；3—冷却塔通风系统；4—辅助变流柜通风系统；5—空调通风系统。

图 2-14　机车通风系统结构

（一）侧墙过滤器

机车侧墙过滤器采用两级过滤系统，第一级为水过滤器，如图 2-15 所示，其特点是阻力小、阻水效率高、免维护自清洁等特点；第二级为除尘过滤器，如图 2-16 所示，采用滤袋式纤维层过滤器，框架采用铆接结构，快速卡钉连接；滤料采用可反复水洗的无纺布或不锈钢金属丝网，既能满足通风系统的要求，又具有拆装方便，滤料易更换等特点。

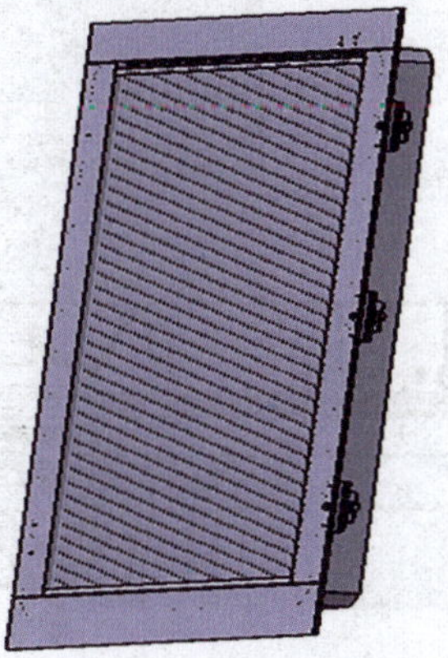

图 2-15　侧墙一级过滤器示意

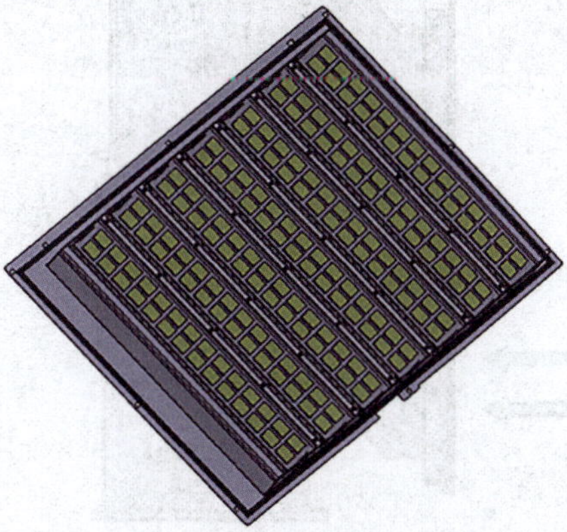

图 2-16　侧墙二级过滤器示意

（二）牵引电动机通风系统

牵引电动机通风系统采用独立通风方式，在每节机车机械间内前后斜对称各设两台牵引电动机通风机。每台牵引电动机通风机给两台牵引电动机通风冷却。通风机进风口和车体侧墙过滤器之间通过过渡风道连接，车外空气经车体侧墙过滤器进入过渡风道，再通过通风机进风口进入通风机，再经下风道和车体、转向架之间的软风道进入牵引电动机最后热风吹向大气。冷却塔通风系统风向如图 2-17 所示。

（三）冷却塔通风系统

冷却塔通风系统采用独立通风方式，每节机车共有两套完全相同的冷却塔通风系统，冷却空气先通过冷却塔风机从车顶吸入，向下冷却牵引变流器的水冷却器，再冷却牵引变压器的油散热器，最后热风吹向大气。冷却塔通风系统风向如图 2-18 所示。

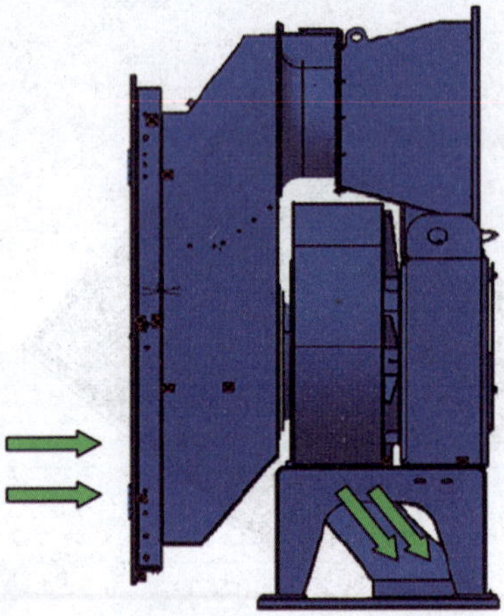

图 2-17　牵引电动机通风系统冷风流向

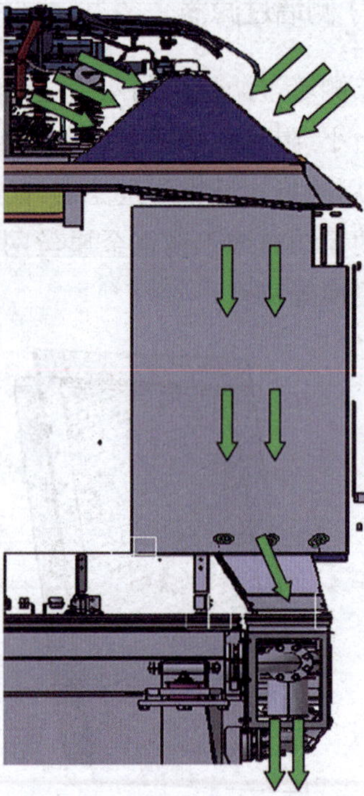

图 2-18　冷却塔通风系统冷风流向

（四）空调通风系统

空调通风系统采用独立通风方式，冷凝风从机车前鼻端中部进入，经空调主机单元的冷凝器后，被冷凝风机吸入机组，再通过压缩冷凝单元底面上的出口经导流板从前围罩一侧排出车外；新鲜风从前围罩的另一侧吸入，通过机组侧壁上一个开口进入空气处理单元，以保证司机室内空气新鲜；司机室回风通过司机室操纵台的柜体格栅进入机组侧壁上一个开口进而进入空气处理单元，新风和回风的混合风由送风风机吸入，期间经过空气过滤器、蒸发器及加热器，空气将在一个内部风道中得到一定程度压缩并通过机组前侧的送风口吹出经空调风道送至司机室，从而形成一个室内循环。空调通风系统如图 2-19 所示。

（五）压缩机通风系统

压缩机通风系统采用车内循环的方案，压缩机电机轴上装有风扇，风扇将空气经过渡风道吸入，经压缩机散热后，经出口风排到车内。

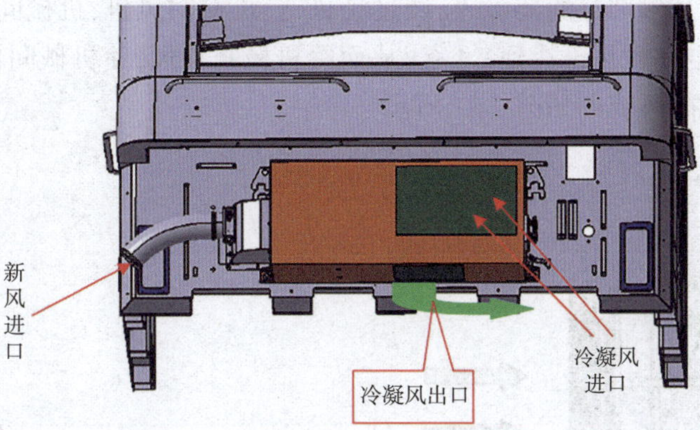

（a）

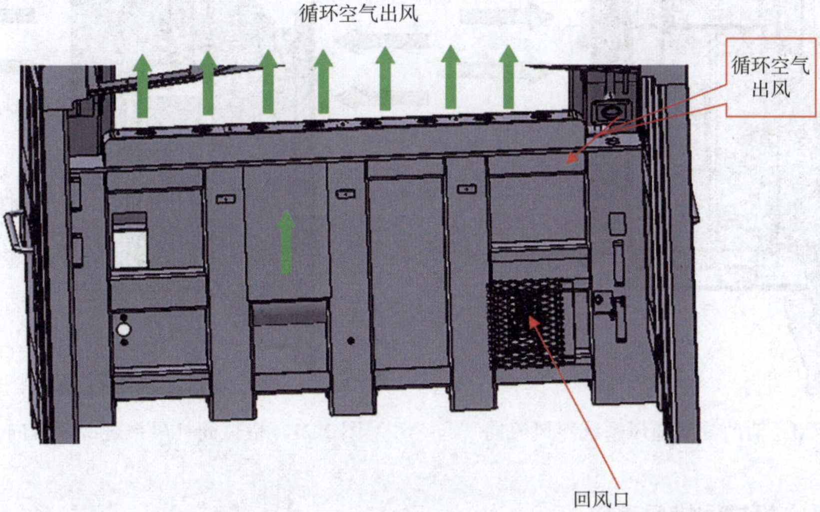

（b）

图 2-19　空调通风系统

（六）辅助变流柜通风系统

辅助变流柜通风系统采用独立通风方式，通过辅助变流柜通风机将空气从侧墙过滤器吸入，经过渡风道和辅助变流柜的三级过滤器进入辅助变流柜风道，冷却辅助变流柜内的发热元器件后，排向车下大气。辅变流柜通风系统如图 2-20 所示。

（七）机械间补风系统

机械间补风系统采用独立通风方式，在每台牵引电动机通风机上部设有机械间通风机。空气从侧墙过滤器吸入，经过渡风道、机械间风机、机械间三级过滤器后进入机械间，空气质量可达到G4级，从而给机械间补风，使机械间保持微正压。机械间补风系统冷风流向如图2-21所示。

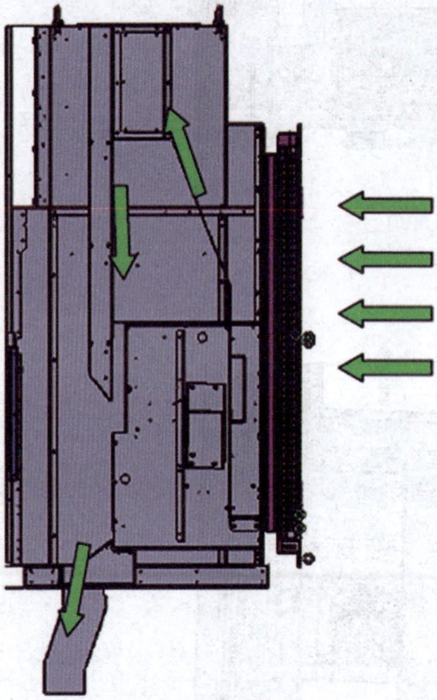

图2-20　辅助变流通风系统冷风流向

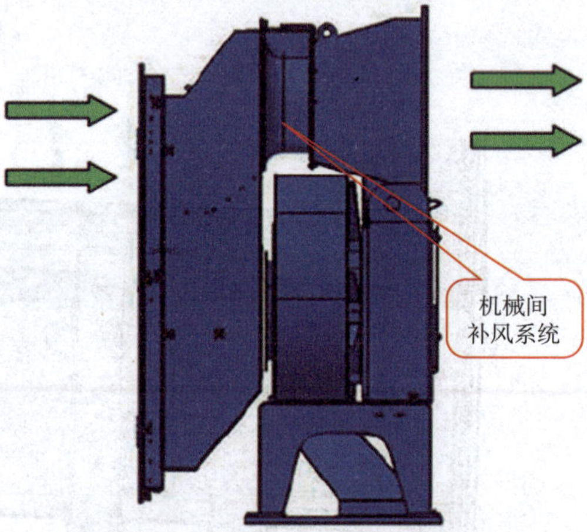

图2-21　机械间补风系统冷风流向

（八）机械间排风系统

机车顶盖位于压缩机上部设有1个排风口，作用是调节机械间的温度。排风口采用与机械间风机联动控制方式，当机械间风机工作时，控制系统会作用顶盖上部的气动伸缩杆，使其打开通风口，机械间内的热量通过通风口排到车外。

排风口和机械间风机分为冬夏季两种模式，在机车操纵台微机屏上可根据季节选择：

当选择夏季模式时，合主断路器，机械间风机开启同时顶盖排风口打开。

当选择冬季模式时，合主断路器，司控器级位在“0”位时，机械间风机不工作，顶盖排风口也不开启；只要司控器级位有变化，机械间风机就开启同时顶盖排风口打开。机械间排风系统如图2-22所示。

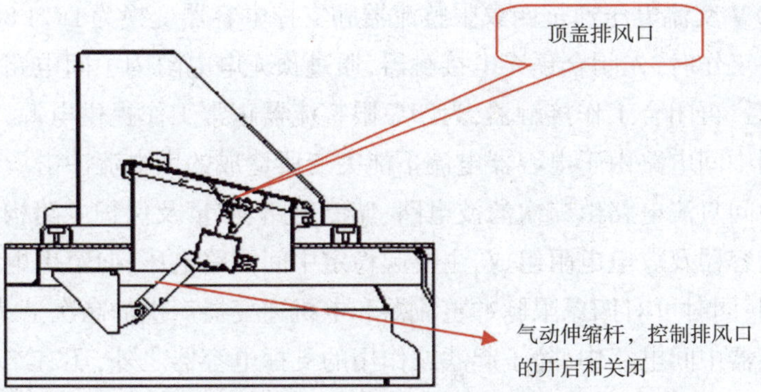

图 2-22　机械间排系统

第三节　电气系统

交流传动八轴 9 600 kW 货运电力机车的主变压器原边通过受电弓、主断路器得电，主变压器的二次绕组分别向牵引变流器相同的交—直—交回路供电，实现牵引电动机的轴控。机车牵引电传动系统采用交—直—交传动形式，主要包括各高压电器、主变压器、牵引变流器、牵引电动机及相应的控制系统。机车控制系统采用 TCMS，遵循标准化、模块化设计原则，主要由微机控制系统、网络通信系统和相应的 DC 110 V 电气控制电路等组成，两节机车的电气系统相同。

一、主电路电气系统

交流传动八轴 9 600 kW 货运电力机车主电路电气系统主要由网侧电路、四象限整流电路、直流环节电路、牵引逆变电路、库内动车电路等相关电路组成。

（一）概述

整台机车的牵引电路包含有原理和结构相同的 4 套牵引变流器装置，分置 2 个柜体。每套牵引变流器装置是由 1 个四象限整流器、1 个中间电路和 1 个三相 PWM 逆变器组成，每套装置驱动 1 台三相异步牵引电动机，实现整台机车的轴控驱动方式。

主变压器牵引绕组输出的 AC 950 V 交流电压通过预充电接触器和工作接触器加到主变流器前级的四象限整流器。由于牵引绕组具有高的短路阻抗，因此，它不仅是四象限整流器的供电电源，还具有四象限整流器正常工作所必须的储能电抗器功能。

AC 950 V 交流电压通过四象限整流器和支撑电容器变换为 DC 1 800 V 的直流电压。正常工作时，先闭合预充电接触器，通过预充电电阻为中间电路的支撑电容器充电，然后，再闭合工作接触器，为四象限整流器正常工作提供电源，这样就避免了合闸瞬间中间电路由于电容器电流不能突变所造成的大电流冲击。

每个中间直流电路由二次滤波电路、储能电路、测量及保护电路构成。储能环节由支撑电容器及放电电阻组成，主要起稳定中间回路电压，向牵引电动机提供无功功率作用，同时可对四象限脉冲整流器和电机逆变器产生的高次谐波进行滤波。

在变流器中间电路中，除了起滤波作用的支撑电容器之外，还有二次滤波电路和电压抑制电路。在四象限整流器的控制算法和功能实现中，会在直流输出电流中含有 2 倍的网侧频率的交流分量，这个分量对于后续的逆变器控制和变流器功率的发挥来说是有害的。通过由 LC 串联谐振所组成的二次滤波电路将其滤除，用来抑制中间直流电路的电压脉动，谐振电容器置于主变流器柜内，谐振电抗器则置于主变压器油箱中。

电压抑制电路主要是通过斩波限压来实现的，它是由 IGBT 元件和过压抑制电阻等组成，根据中间电路电压的波动和过压情况控制 IGBT 元件的导通，将过电压的能量通过吸收电阻将其消耗，从而抑制了中间直流电压在规定范围之内。

三相逆变电路用于将中间电路的 DC 1 800 V 电压通过 PWM 脉宽调制控制，变换为电压和频率可变的三相交流输出，为牵引电动机提供三相交流电源，实现三相异步牵引电动机的调速特性控制。在再生制动工况时，异步牵引电动机处于发电状态，中间直流回路通过四象限脉冲整流器向牵引绕组馈电，将制动时产生的电能回馈到电网，从而实现机车的再生电气制动。

在牵引变流器的输入电路、中间电路和三相输出电路中，接有多个电压和电流传感器，用于为相关的控制和保护电路提供实时信号。

主接地保护电路由 3 个电阻和 1 个电压传感器构成。通过检测接地电阻的电压值来判断接地电流是否超限，实现保护。每台主变流柜含有 2 套独立的接地保护电路，分别对 2 组牵引变流器进行接地监测和保护。接地检测信息通过 MVB 送至 TCMS，可以实现故障显示。

在 2 轴牵引变流器装置的中间电路还接有辅助变流器和库用电源电路，以实现各自的功能。当机车在调试或者检修库内需要动车时，可以通过车体两侧的库用电源插座向机车送入三相工频 380 V 交流电，通过 Y/△变压器、整流器和控制器件，变为 DC 1 000 V 的直流电压加到中间电路，再通过响应的控制进行库内动车作业。

主电路入库插座和库内辅机调试共用一个三相电源插座，每节车一个 PK1 为相序检测控制装置，用于检测三相输入电源相序的正确性，如果相序不符合要求，则不能实现动车作业。空气断路器 QA2 用于实现库用电路的短路和过载保护，以及电路的隔离。

（二）网侧电路

网侧电路如图 2-23 所示，由 1 台受电弓 AP1、1 台高压隔离开关 QS-HV、1 个高压电压互感器 TF1-PP、1 台主断路器 QF（M）、1 台高压接地开关 QS-GHV、1 台避雷器 F1、1 个高压电流互感器 TFI-QL（M）、主变压器原边绕组 AX、1 个接地侧电流互感器 TFI-CE 和 4 个回流装置以及 1 台高压连接器 QF-HV 组成。

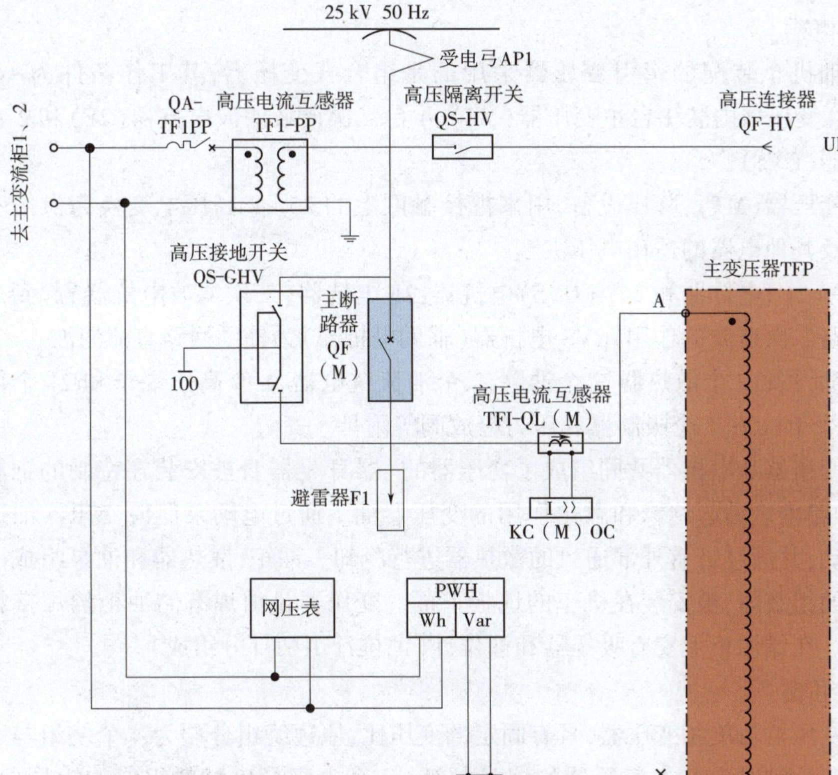

图 2-23　网侧电路

接触网电流通过受电弓 AP 进入机车，经主断路器 QF(M)，通过高压电流互感器 TFI-QL(M)进入车内，经 25 kV 高压电缆与主变压器原边 A 端子相连，经过主变压器原边，从 X 端子流出，通过低压电流互感器 TFI-CE 和 4 个并联的回流装置 EB1、EB4、EB5、EB8，从轮对回流至钢轨。

接触网电压通过受电弓 AP 进入机车，通过高压电压互感器 TF1-PP 将网压提供给牵引变流柜、司机操纵台上的网压表和机车电度表。接触网电压通过受电弓 AP 进入机车，经过高压隔离开关 QS-HV 和高压连接器 QF-HV 送至另一节机车，若其中一节机车高压电路出现故障，可通过断开故障节机车上的高压隔离开关 QS-HV 来实现隔离。

（三）主变压器

1. 概述

八轴机车装配的牵引变压器采用的是组合式变压器，其工作条件为 -40～+40 ℃。变压器内装 1 台主变压器(MT)，4 台二次谐波滤波电抗器(2F)和 2 台辅助电抗器(CVS)。

主变压器(MT)：降压设备，用来把接触网上的 25 kV 高压电变换为供给牵引电动机及其他电器的适用电压。

4 个(2F)电抗器和 2 个(CVS)电抗器：2F 电抗器(二次滤波电抗器)起到过滤中间电路二次谐波的作用，CVS 电抗器(辅助电抗器)为辅助回路直流滤波。

辅助设备：2 个散热器、2 个油泵、2 个油流继电器、1 个高压端子和 21 个低压端子、2 个 PT100、1 个吸湿器和压力释放阀等附件。

主变压器和电抗器共同组成了变压器的“器身”，器身被安装在特制的钢制油箱内，油箱内装满起绝缘和散热作用的变压器油。通过电动泵促使变压器油进行循环流动，并通过带有外部通风的散热器进行冷却。油箱、散热器和油泵组成了一个紧密的组装体，被安装在机车的地板下面。变压器是由焊有储油柜的焊接箱盖密封的。在储油柜上安有吸湿器和油位计(油位计由两部分组成)。

2. 组成

主变压器为单相变压器，具有固定的变压比，原边绕组分裂为 4 个绕组与 4 个二次绕组分别对应。主变压器的器身包括：一个由高导磁材料组成的矩形磁芯、2 个绕线柱的层式线圈绕组、隔离件、端圈、绝缘件，如图 2-24 所示。

（四）牵引变流器

机车牵引变流器采用分体方案自主化产品，如图 2-25、图 2-26 所示。

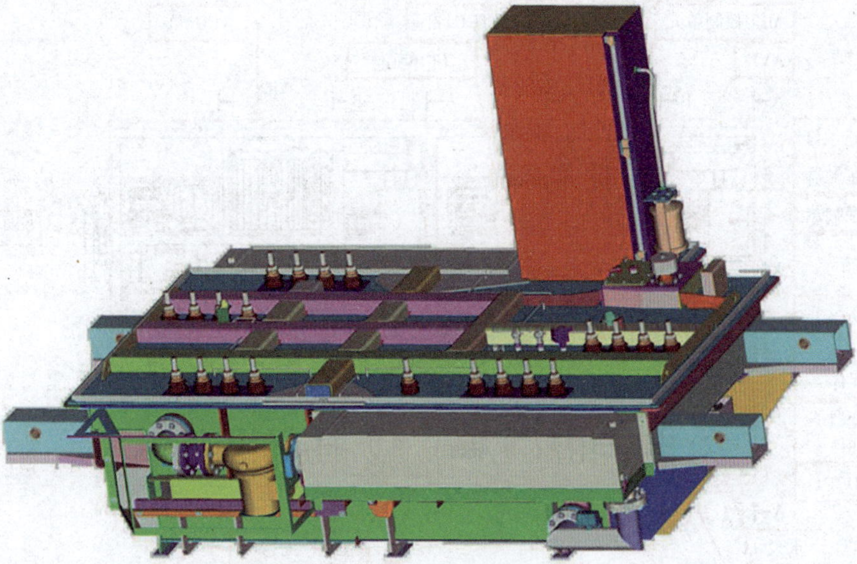

图 2-24　主变压器

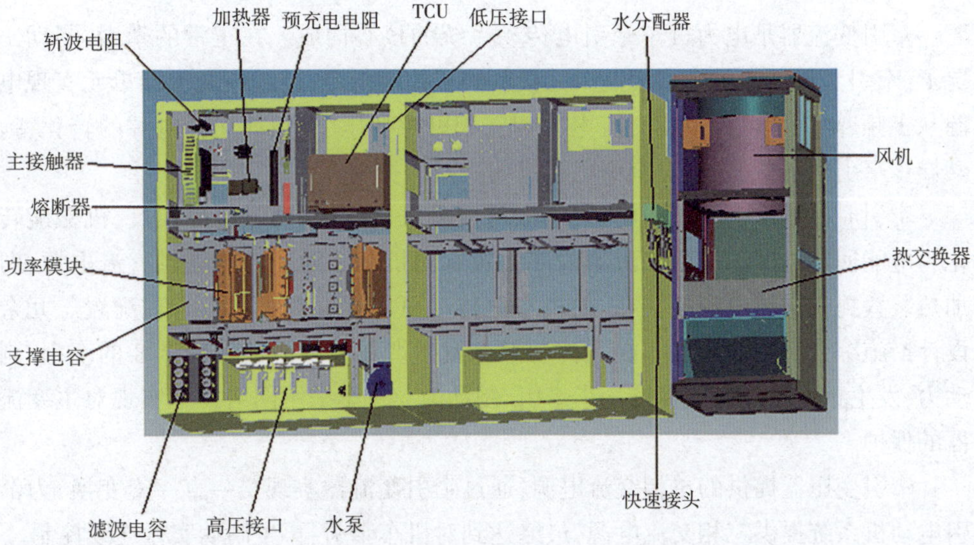

图 2-25　永济公司牵引变流器结构

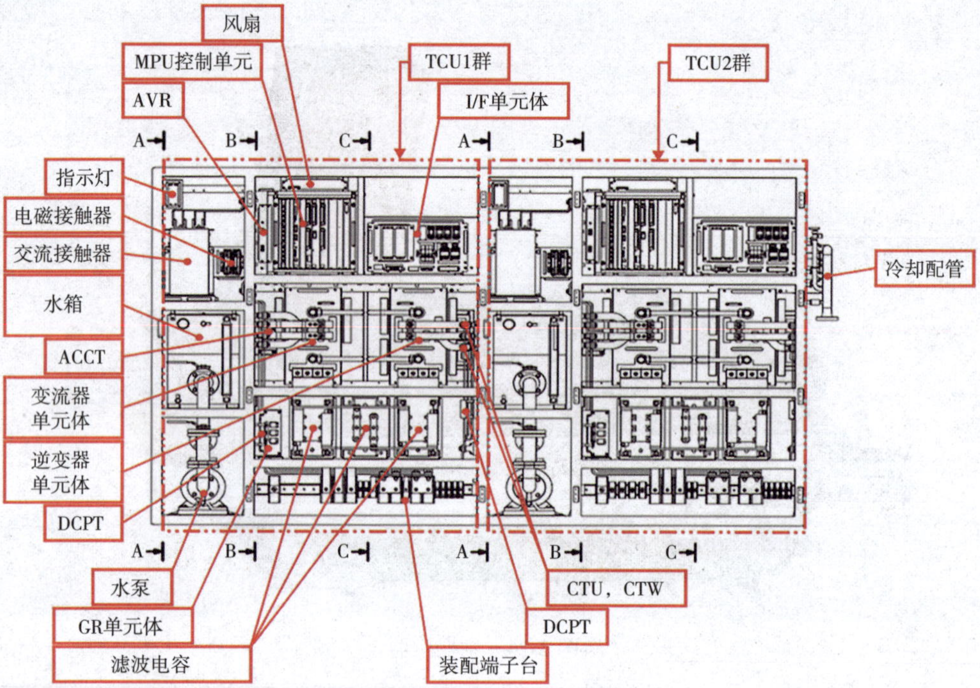

图 2-26　东芝公司牵引变流器结构

牵引变流器是电力机车牵引电传动系统的核心构成。在正常的牵引/制动工况下，牵引变流器内的牵引控制单元接收司机控制指令，控制各变流器单元实现电源从工频、高压不可控单相交流电源到三相可控变压、变频的交流电源的转化，拖动异步牵引电动机，实现对牵引电动机的一对一控制。

牵引时能量从电网流向电机，电能转换为机械能；制动时过程相反，机械能转化为电能回馈电网。牵引变流器内部设置有向机车辅助逆变器提供直流电源、向加热装置提供交流电源的接口，使机车电传动可以根据需求进行合理配置。冗余设计措施综合应用使得机车在主传动部件发生严重故障时能保留 7/8 的牵引/制动力，发生重大故障时能保持一半牵引/制动力。机车采用网络技术实现对主变流器的保护。

牵引变压器提供的单相交流电源，通过牵引变流器实现交—直—交变换，为牵引电动机系统提供三相交流电源，最终达到对机车牵引、再生制动实行连续控制。

牵引变流器在各种工况下均有完善而可靠的自动监测功能、故障记录、诊断功能、短路、过载、接地、过电压、欠压、过热、空转、滑行以及通风的故障保护装置。

辅助变流器在各种工况下均有完善而可靠的自动监测功能、故障记录、诊断功能、过流和过载保护、输出瞬时过电压保护、IGBT 元件短路保护和控制电源保护。

牵引变流器输入端与机车牵引变压器的次边牵引绕组相连,并通过接触器分/合。前端四象限整流器输出为中间电路提供电源,中间直流回路设有支撑电容器、谐振电容器、接地检测和保护装置等,其中二次滤波电抗器被集成在牵引变压器中。中间直流回路通过逆变器向异步牵引电动机提供三相变频变压交流电,1 个逆变器对应 1 台牵引电动机。

2 个牵引变流器共用一套水冷却系统,冷却系统中冷却水泵、水箱放置在变流柜内,冷却风机、散热器和牵引变压器散热器一起集成在机车上的复合冷却塔中。

(五)牵引电动机

牵引电动机采用三相 6 极鼠笼式异步电机,强迫通风,以滚动轴承的抱轴式悬挂方式安装在机车转向架上。牵引电动机外形如图 2-27 所示。

(a)

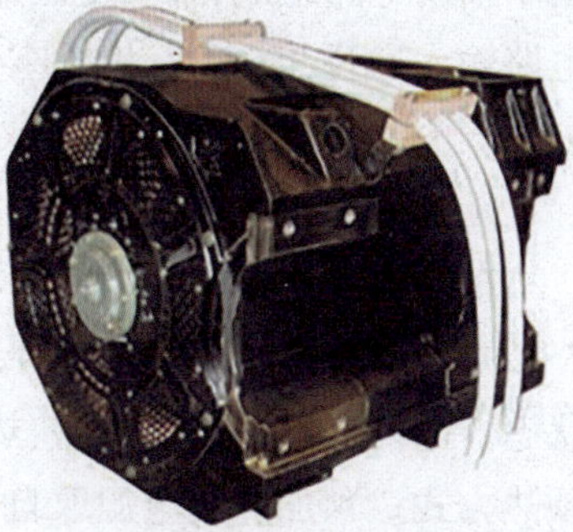

(b)

图 2-27　牵引电动机外形

电机以鼻式悬挂方式安装在机车转向架上。主动齿轮安装在传动端轴承内侧,即主动齿轮安装在两轴承之间,主动齿轮和电机轴连接锥度为 1∶20。电机非传动端采用接地碳刷结构,使轴电流通过轴端的接地电刷接地。

电机传动端采用 NU2322 圆柱滚子轴承,采用机车齿轮箱内的齿轮油作为润滑剂润滑;非传动端用 NJ2218+HJ2218 圆柱滚子轴承,采用 MOBILITHSHC100 润滑脂润滑。

电机采用轴向强迫通风冷却方式,冷却风从传动端端盖的通风孔进入,经过三路即定子通风孔、转子通风孔、定转子间的气隙后,从非传动端端盖轴向排出;同时,从传动端端盖进入的冷却风,通过传动端端盖上的三个通风孔,使齿轮箱内的齿轮油具有流向电机传动端轴承的压力，从而提高传动端轴承的润滑效果。

电机传动端端盖为低合金高强度铸钢结构，非传动端端盖为球墨铸铁结构，并在端面处设有注油口。在维护保养期间，应对电机非传动端轴承进行定时、定量的补充润滑脂。

二、辅助电路电气系统

机车辅助电气系统主要是由辅助电源、充电机、辅助负载和相应的控制电路等组成，除辅助负载之外，其余部分都被集成安装在辅助变流柜里。辅助电源包括两路辅助变流器输出的三相 AC 380 V 电源和一路变压器输出的单相 AC 220 V 电源，辅助负载有三种：三相交流 380 V 负载、单相交流 220 V 负载和直流 110 V 负载。

（一）辅助电路

机车辅助电路主要由辅助变流器供电电路、三相负载电路、单相负载电路和库内动车辅助电路组成，辅助变流器的输入由主变流器的中间回路提供，库内动车辅助电路输入通过 380 V 三相插座引入，将库用接触器吸合后可由库内电源供电。

（二）预加热电路

机车预加热系统是针对机车在低温环境下运行设计的，主要用于机车在-40～-25 ℃的低温运行前对主要部件进行预热，使电器件在该温度条件下达到正常工作状态。电器部件采用加热盘、热风机和电暖气加热方式，空气管路部件采用加热套预热方式。预加热的电源取自牵引绕组，经过 950/220 V 变压器输出。

（三）辅助变流柜

每台机车设计装有 2 个辅助变流柜，每个辅助变流柜包括 2 个斩波模块，2 个三相逆变模块，2 个过压抑制模块，2 个输出电抗器，1 个充电机模块，1 个二极管模块，2 套冷却风机组，2 套低压控制单元，1 套电流电压检测保护装置，1 套预加热装置。

辅助变流柜的功能：

为机车上的三相负载提供 AC 380 V 电源；

为机车蓄电池柜充电；

为整车控制电路提供 DC 110 V 电源以及为机车上的单相负载提供 AC 220 V 电源。

三、控制电路电气系统

交流传动八轴 9 600 kW 货运电力机车控制系统是基于 MVB、WTB 总线和以太网的微机网络监控系统，其核心是机车微机控制监视系统，结合目前国内现有的机车行车安全综合信息监控系统和法维莱制动系统，配以机车外围电路来进行设计的。

（一）系统拓扑

TCMS 是基于 TCN 国际标准（IEC 61375-1）的车载网络控制系统。一台车由两节机车通过 WTB 内重联组成，同时支持两台车 WTB 外重联。单节机车包含 2 个主处理单元（MPU）、2 个 MVB/WTB 网关（GW）、4 个牵引控制单元（TCU）、2 个辅助控制单元（ACU）、2 个远程输入输出单元（RIOM）和 1 个司机显示单元（DDU），同时系统还与制动控制单元（BCU）、机车安全防护 6A 系统连接。单节机车网络拓扑结构如图 2-28 所示。

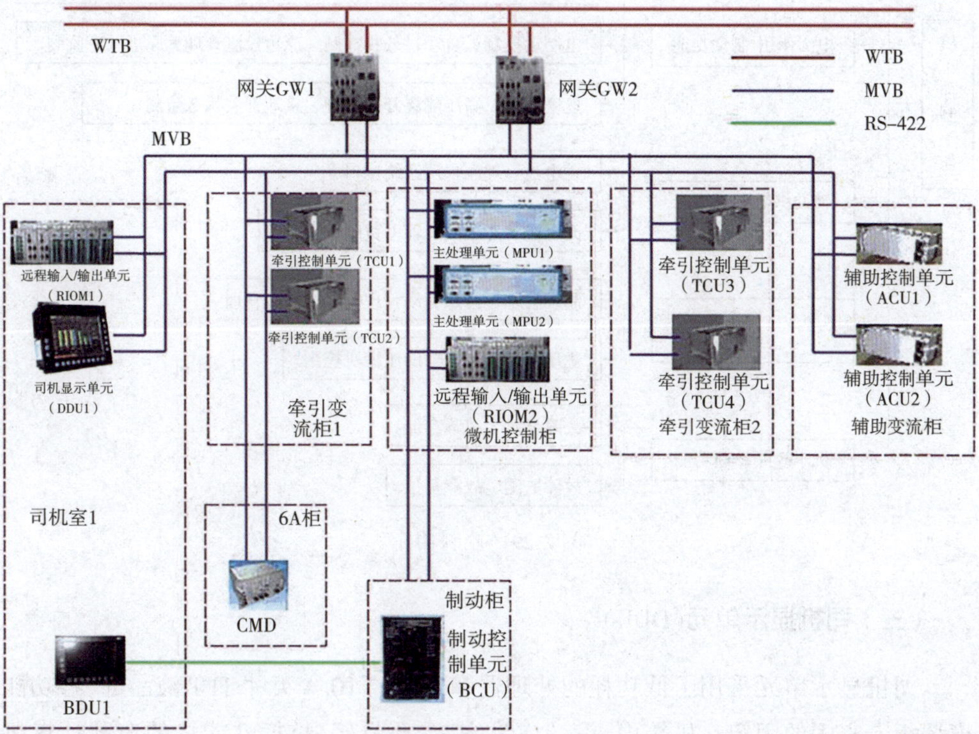

图 2-28 单节机车网络拓扑结构

（二）控制功能

系统控制功能完善，主要由五个功能分区构成，包括机车运行功能、电力牵引/制动功能、辅助供电系统功能、制动与压缩空气供应功能和机车故障诊断功能等。控制功能如图 2-29 所示。

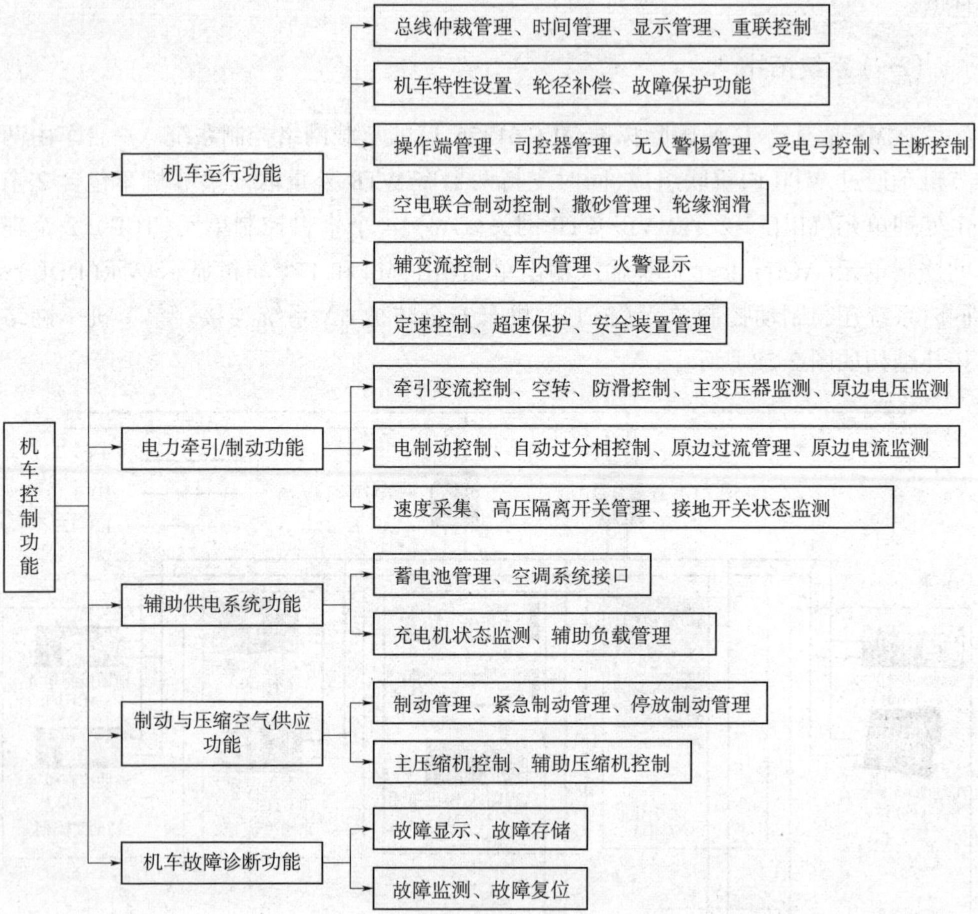

图 2-29　控制功能

（三）司机显示单元（DDU）

司机显示单元采用了低功耗的处理器和宽温的 10.4 英寸 TFT 液晶屏，各功能模块板卡牢固的固定在机箱内，设计成易安装、质量轻、抗振性能佳的车载计算机装置。

司机显示单元(DDU)采用全触摸屏与按键两种人机交互方式,在正常的情况下,司机通过全触摸屏方式进行方便、快捷地驾驶操作。如果全触摸屏出现意外损坏,司机还可以通过按键进行驾驶操作,最大程度地保证机车的安全运行。

司机显示单元人机界面采用简统化的图形化显示方式,显示内容更加直观形象。司机显示器外形及显示界面如图 2-30 所示。

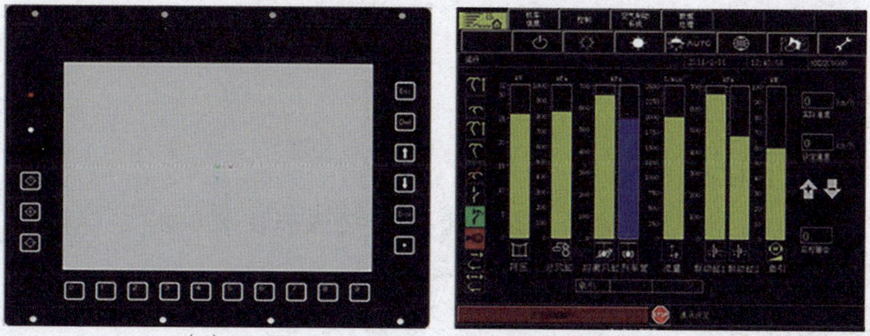

(a) (b)

图 2-30 司机显示器外形及显示界面

复习思考题

1. HXD2 型电力机车电传动方式是什么?
2. HXD2 型电力机车网侧电路电流流向是什么?
3. HXD2 型电力机车主变流器的作用是什么?

第三章

HXD3D 型电力机车专业知识

知识目标

掌握 HXD3D 型电力机车的总体结构、主要特点和技术参数，了解机车的电传动方式、速度、制动方式和牵引力等关键性能指标。

能力目标

能够对 HXD3D 型电力机车进行专业的操作和维护，能够分析和解决机车运行中可能出现的技术问题。

素质目标

树立安全意识，确保机车运行安全。培养专业精神，提升新职学员专业素质。

第一节　HXD3D 型电力机车总体

一、概述

HXD3D 型交流传动快速客运电力机车是在 HXD3 型和 HXD3B 型电力机车基础上研制的六轴 7 200 kW 干线客运电力机车。

机车采用 PWM 矢量控制技术等最新技术的同时，尽量考虑对环境的保护，减少维修工作量。另外，以能够在中国全境范围内运行为前提，在满足环境温度在-40～+40 ℃，海拔高度在 2 500 m 以下的条件的同时，能实现 2 组机车重联控制运行。

二、机车主要特点

1. 轴式为 C_0-C_0，电传动系统为交—直—交传动，采用 IGBT 水冷变流机组，

1 250 kW 大转矩异步牵引电动机，具有启动（持续）牵引力大、恒功率速度范围宽、黏着性能好、功率因数高等特点。

2. 辅助电气系统采用 2 组辅助变流器，能分别提供 VVVF 和 CVCF 三相辅助电源，对辅助机组进行分类供电。该系统冗余性强，一组辅助变流器故障后可以由另一组辅助变流器对全部辅助机组供电。

3. 采用微机网络控制系统，实现了逻辑控制、自诊断功能，而且实现了机车的网络重联功能。

4. 总体设计采用高度集成化、模块化的设计思路，电气屏柜和各种辅助机组分功能斜对称布置在中间走廊的两侧；采用了规范化司机室，有利于机车的安全运行。

5. 采用带有中梁的、整体承载的框架式车体结构，有利于提高车体的强度和刚度。

6. 转向架牵引电动机采用二、三轴对置方式；驱动系统采用轮对空心轴驱动、刚性架悬；承载式齿轮箱；牵引装置采用低位推挽牵引杆牵引。

7. 采用下悬式安装方式的一体化多绕组（全去耦）变压器，具有高阻抗、质量轻等特点，并采用强迫导向油循环风冷技术。

8. 采用顶盖夹层进风，各系统独立通风冷却技术。另外还考虑了司机室的换气和机械间的微正压。

9. 采用了集成化气路的空气制动系统，具有空电制动功能。机械制动采用轮盘制动。

10. 采用了新型的空气干燥器，有利于压缩空气的干燥，减少制动系统阀件的故障率。

三、机车主要技术参数

（一）工作电源

电流制	单相交流 50 Hz
额定电压	25 kV

在 22.5 kV 到 29 kV 网压下，机车轮周功率为 7 200 kW；网压从 22.5 kV 到 19 kV，轮周功率从 7 200 kW 线性减小，网压在 19 kV 时，机车轮周功率 6 080 kW；网压从 19 kV 到 17.5 kV，轮周功率从 6 080 kW 线性下降到 0；网压从 29 kV 到 31 kV，轮周功率从 7 200 kW 线性下降到 0，如图 3-1 所示。在网压允许波动范围内，能保证辅助功率及列车供电功率正常发挥。

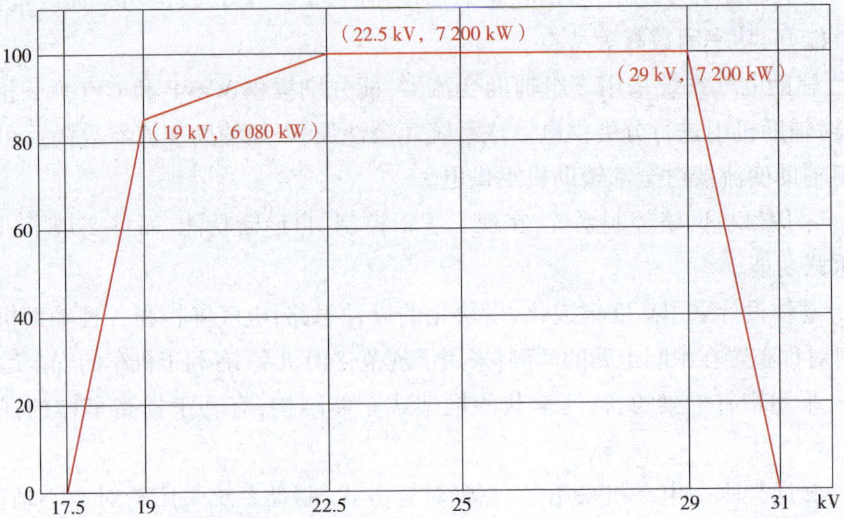

图 3-1　交流传动快速客运—功率发挥曲线

（二）牵引性能参数

电传动方式	交—直—交传动
持续功率	7 200 kW
机车速度：	
持续速度	80 km/h
最高速度	160 km/h
启动牵引力	420 kN
持续牵引力(半磨耗轮)	324 kN
恒功率速度范围	80～160 km/h

（三）动力制动性能参数

电制动方式	再生制动
电制动功率	7 200 kW(103.7～160 km/h)
最大电制动力	250 kN(15～103.7 km/h)

（四）主要结构尺寸

轨距	1 435 mm

轴式	C_0-C_0
机车总重	$126\times1^{+3\%}_{-1\%}$ t
轴重	21 t
机车前、后车钩中心距	22 989 mm
车体宽度	3 100 mm
车体高度	4 100 mm（新轮）
机车全轴距	16 720 mm
转向架固定轴距	2 350+2 000 mm
车轮直径	1 250 mm（新轮）
	1 200 mm（半磨耗）
	1 150 mm（全磨耗）
受电弓落下时，滑板顶面距轨面高度	≤4 770 mm
受电弓滑板距轨面的工作范围	5 200～6 500 mm
车钩中心线距轨面高度（新轮）	（880±10）mm
排障器距轨面高度	110^{+10}_{0} mm

（五）功率因数

当机车发挥 10% 及以上额定功率时≥0. 98。

（六）等效干扰电流（J_P）

额定功率时，机车在持续制牵引工况下，在距牵引变电 10 km 处测量≤2. 5 A。

（七）机车总效率

额定网压下，在牵引工况发挥持续功率时的机车总效率≥0. 85。

（八）机车采用微机控制

1. 机车微机控制功能

机车预备的顺序逻辑综合控制；

机车牵引力和制动力控制；

机车空电联合制动控制；

机车主、辅电路过流、过压、欠压、接地等保护控制；

机车空转/滑行保护控制；

机车重联控制；

机车轴重转移补偿控制；

机车定速控制。

2. 其他功能

停车状态下，微机控制系统自诊断功能；

行驶过程中对被控对象进行实时在线监测诊断功能；

故障信息的记录、保存和显示功能；

故障记录的转储功能。

（九）机车动力学性能

机车应能以 5 km/h 速度安全通过半径为 125 m 的曲线，并应能在半径 250 m 的曲线上进行正常摘挂作业。

（十）机车制动距离

机车单机以 160 km/h 速度于平直道上施行紧急空气制动时，最大制动距离 ≤1 600 m。

四、机车特性

机车牵引特性控制采用了恒力矩准恒速特性控制方式，机车的司机控制器调速手柄在牵引模式下级位设定为 17 级，在电制动模式下级位设定为 10 级，级间能够进行平滑调节，每级速度变化 Δv =10 km/h。

（一）机车牵引特性

当机车速度大于 0 小于 80 km/h 时，机车最大牵引力限制按线段 $F=420-1.2v$ 线性限制，机车进入加速区；当机车速度大于等于 80 km/h 时，机车最大牵引力限制按曲线 $F=25\ 920/v$ 进行限制，直到机车进行 160 km/h 速度限制为止，此区段为机车功率限制区。

（二）机车制动特性

机车最大电制动力限制为 250 kN，机车速度从 15～5 km/h 按限制线性下降至 0；当机车速度大于 103.7 km/h 时，机车最大制动力按曲线 $F=25\ 920/v$ 进行限制，此区段为机车最大恒功率限制区。

第二节 机车设备布置及通风系统

在机车的两端各设有一个司机室,两个司机室的中间是机械室。在机械室内设有 600 mm 宽的中央通道,在通道左右两侧设有主变流装置、通风机、空气压缩机等设备。在车体下设有 2 台 3 轴的转向架及主变压器,在顶盖上设有受电弓及避雷器。车内设备布置以平面斜对称布置为主,设备成套安装,有利于机车的重量分配和机车的制造、检修和部件的互换。HXD3D 型电力机车的外形图及设备配置如图 3-2 所示。

一、设备布置

(一)司机室设备布置

机车司机室如图 3-3 所示。在司机室内设有操纵台、八灯显示器、司机座椅、紧急放风阀、灭火器等设备。司机室操纵台前部设有空调装置,司机室顶部设有风扇、头灯、司机室照明等设备。司机室前窗采用电加热玻璃,窗外设有电动刮雨器,窗内设有电动遮阳帘;侧窗外设有机车后视镜。在操纵台上设有 TCMS 显示器、ATP 显示器、压力组合模块、司机控制器、制动控制器、扳键开关组、制动装置显示器、冰箱、暖风机、脚炉和膝炉。

(二)机械室设备布置

机械室设备配置如图 3-2 所示。

Ⅰ端设备室紧邻Ⅰ端司机室,内部布置有牵引通风机、蓄电池充电装置、蓄电池柜、滤波装置、微机柜(TCMS 柜)、控制电器柜、空压机、干燥器、高压电器柜、列车供电柜、6A 柜。Ⅱ端机械室紧邻Ⅱ端司机室,内部布置有牵引通风机、卫生间、空压机、主风缸、辅助风缸、干燥器、制动屏柜、列车供电柜。

在Ⅰ端设备室和Ⅱ端设备室之间设有中央机械室,室内布置有主变流装置、复合冷却器及复合冷却器通风机组。

(三)车顶设备

车顶设备配置如图 3-4 所示。顶盖由 3 个顶盖组成,Ⅰ端顶盖、Ⅱ端顶盖配置有受电弓,中央顶盖上配置有检修升降口,由此上车顶进行检修和维修作业(为确保安全,天窗设置钥匙联锁装置)。

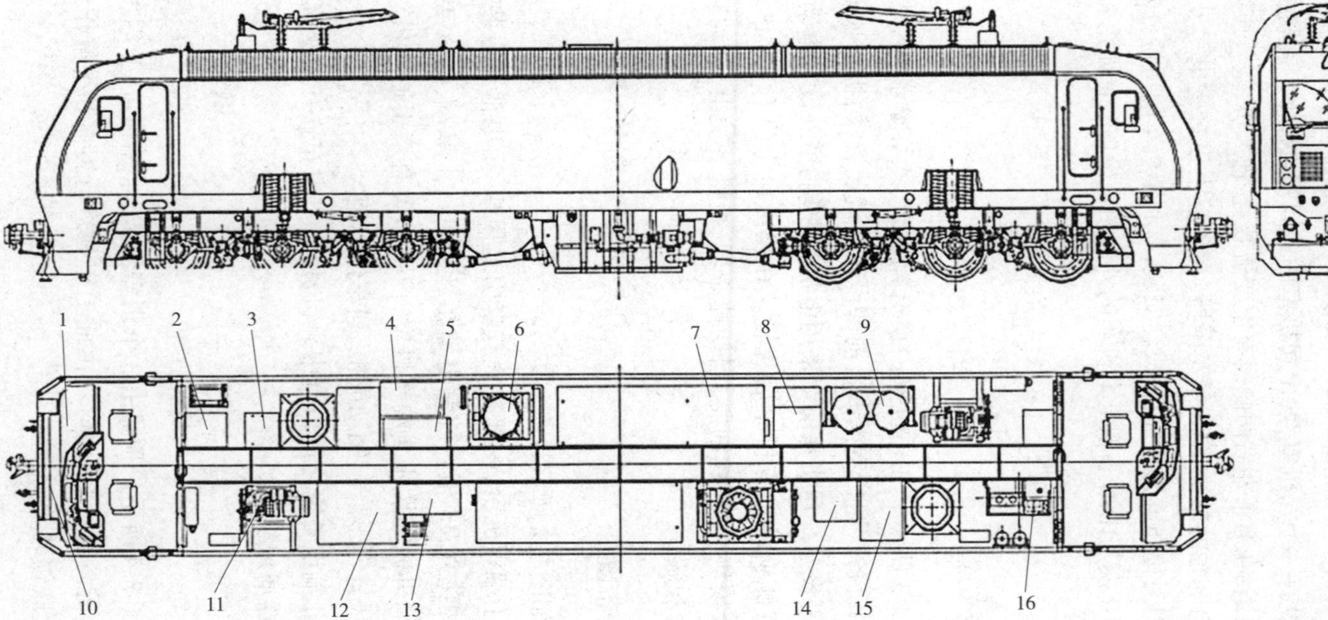

1—操纵台；2—微机柜；3—6A系统柜；4—辅助滤波柜；5—蓄电池充电器；6—复合冷却器；7—牵引交流器；8—卫生间；9—总风缸；
10—空调；11—空气压缩机；12—高压柜；13—控制电器柜；14—第三方设备柜；15—列车供电柜；16—制动柜。

图3-2　HXD3D型电力机车外形及设备配置

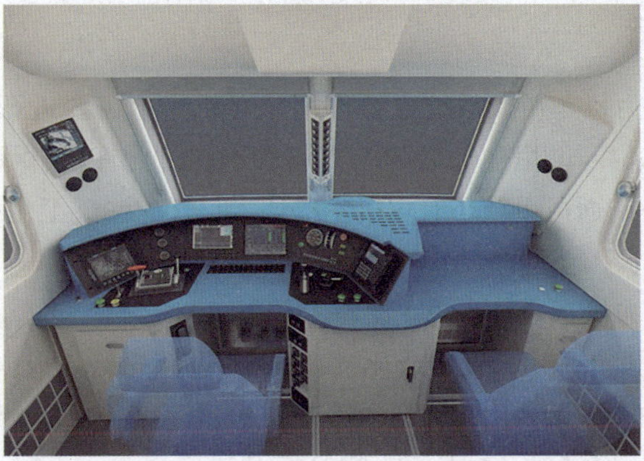

图 3-3　机车司机室

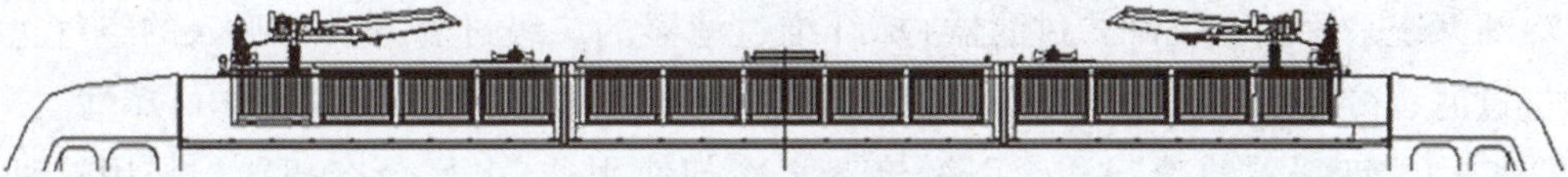

图 3-4　车顶设备配置

（四）车下设备

车下设备如图 3-5 所示。悬挂在机车中部的主变压器，以变压器为中心对称布置 2 台转向架。在转向架上配置有主电机等设备。另外还配置了动车插座、辅助/控制电路外接电源插座、行灯插座、机车电子标签、速度传感器和轴温传感器等设备。

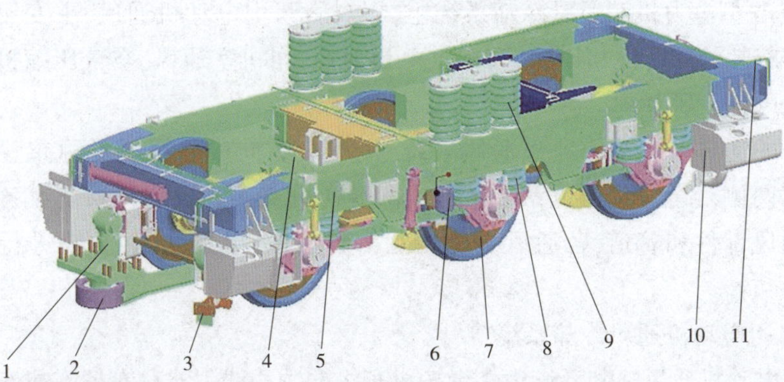

1—基础制动装置；2—牵引装置；3—扫石器；4—电动机悬挂装置；5—构架；6—轮缘润滑装置；7—轮对；8— 一系悬挂（轴箱）装配；9—二系悬挂（支承）；10—砂箱；11—配管装配。

图 3-5　车下设备

二、通风系统

HXD3D 型电力机车通风系统主要作用是对机车上需要进行强迫冷却的电气设备实施强迫通风冷却，以使他们的工作温升不超过允许值，保证电气设备正常、可靠的工作。另外，通风系统还有司机室空调、机械间换气、卫生间通风等装置，以给司乘人员提供一个舒适的工作环境。

HXD3D 型电力机车通风系统主要特点如下。

1. 通风系统设计采用高度集成化、模块化的设计思路。根据机车总体对称布置的被冷却装置的要求，采用独立通风冷却技术，具有结构简单、进风面积大、风阻小，各通风支路风量分配均匀、互不干扰等特点。

2. 通过安装在顶盖处的过滤器组对冷却空气进行过滤。如牵引电动机通风冷却系统采用离心沉降式过滤器+棕纤维过滤器的二级过滤方式对吸入的空气进行过滤。冷却空气过滤效果好，阻力小，电气部件少积灰尘，提高了工作可靠性。

3. 主变压器油冷却和牵引变流器水冷却使用油、水复合冷却器。采用这种“复合冷却”技术，使机车主要部件减少，缩减了油、水连接管路，减小流阻，提高冷却性能，减轻质量，使得机车总体设计更加合理。

4. 通风系统采用性能较好的轴流通风机组。它们所采用的滚动轴承是进口单列深沟球轴承，密封方式为双面密封，具有较高密封性，防尘性能好，平时无需加润滑脂，日常维护方便，运用寿命长。

（一）机车通风冷却系统和风量分配

HXD3D 型电力机车通风冷却系统主要包括：牵引电动机通风、主变压器与牵引变流器冷却的复合冷却通风、列车供电柜通风、司机室通风、空气压缩机通风和机械间通风等通风系统。

机车的通风系统采用独立通风系统，按机车纵向中心线斜对称布置在机车中间走廊两侧。司机室通风系统布置在两端司机室内。各通风系统有各自相对独立的通风部件和管道，各通风系统相互不影响，进风量均匀，无需进行风量再分配。

1. 牵引电动机通风冷却系统

牵引电动机通风冷却系统由 2 台按机车纵向中心线斜对称布置在机车中间走廊两侧的通风机来完成，每 1 台通风机分别用来冷却 3 台牵引电动机，室外的空气经过离心沉降式过滤器、棕纤维过滤器、车顶进气间、通风机、通风道并分成三个通风道(其中第三电机采用对置布置,风道需要穿过底梁),分别通过软管和牵引电动机的入口相连接。冷却空气送入牵引电动机冷却电机,以此降低其发热材料的温升,并排向车外。

每组牵引电动机通风支路空气走向如下:

车外大气(5.5 m^3/s)→离心沉降式过滤器→棕纤维过滤器→车顶进气间→通风机→风机底座→车体风道→连接软管→牵引电动机→大气。

2. 复合冷却通风冷却系统

为减小体积和质量,简化机车冷却系统,将主变压器的冷却油和牵引变流器的冷却水(纯水和乙二醇混合液)共用一套具有强制通风冷却的复合冷却系统。每台机车安装有 2 台复合冷却系统,对称布置在机车中心线的两侧。

每台复合冷却通风支路的冷却空气走向如下:

车外空气(7.5 m^3/s)→离心沉降式过滤器→侧墙板式粗滤器→车顶进气间→复合冷却器风机组→异径风道→复合冷却器→车底大气。

3. 列车供电柜通风系统

列车供电柜通风支路的作用是采用强迫风冷方式对供电柜的功率开关器件和电抗器等发热电器件进行冷却。全车共有 2 个列车供电柜,由于供电柜不允许冷却空气中含有水珠及灰尘,故采用机械间内进气方案。

每台列车供电柜通风支路的冷却空气走向如下:

机械间进气(约 1 m^3/s)→列车供电柜→车体底架→大气。

4. 司机室通风系统

司机室内的循环空气由空调机组内的通风机组经过装有滤尘网的回风道吸入,并与外界的新鲜空气混合,在通过空调机组内的蒸发器后,冷空气经过出风口处的可调出风栅送入司机室内。制冷系统连续工作,使车内温度逐渐降低,从而达到制冷、除湿的目的,车内空气温度由控制器自动进行控制。

5. 卫生间通风系统

机车内设有一个卫生间。它的通风系统是车内空气经过卫生间侧壁的电动排风扇进入卫生间内,再经过卫生间顶部的格栅将空气排到车顶进气间并排出车外。

6. 空压机通风散热系统

空压机通风散热采用机械间进气,冷却空压机后,冬季热空气排到车内,并由车体排气口排除车外;夏季热空气直接通过风道排除车外。

7. 机车机械间通风系统

在机械间顶部布置了两个车体通风机,分别往机械间吹风,其主要作用,首先是保证机械间始终有一正压，约为 70 Pa；其次是保证提供空气压缩机、卫生间等所需的清洁空气；第三带走机械间电器设备所散发的热量。

风扇吹入机械间的风量约 3 m^3/s，通过车体底架排出约 1 m^3/s。机械间内有一压力平衡装置，当机械间压力超过 70 Pa 时，在压力作用下自动打开平衡装置的排气门，降低车内压力。

三、空气过滤装置

由于牵引电动机及辅助变流器通风冷却要求空气过滤精度较高，故采用离心沉降式过滤器+棕纤维过滤器的二级过滤方式，以提高过滤效率、精度和降低系统阻力，增强防雨性能。而在其他通风系统（机械间进气、复合冷却器进气等）中采用仅离心沉降式过滤器，即可满足使用要求。

（一）离心沉降式过滤器

整车的进气系统均采用离心沉降式过滤器，对各支路所需要的空气进行过滤，过滤器安装在机车左右侧的顶盖进气间中。

离心沉降式过滤器的过滤原理：进入空气在进风件的风口处加速，加速后的灰尘和水滴因含有较高的冲量而进入过滤件 1 和过滤件 2 并减速，由于自身的重力而下坠并汇集到下部排尘槽中排出车外。

离心沉降式过滤器的优点：低压降、低噪声、免维修和质量轻。

（二）棕纤维过滤器

棕纤维过滤器作为通风系统中的精滤器，其过滤精度在灰尘颗粒大小为 2~40 μm 之间效率可达到 80%（迎面风速：1 m/s）以上，并且阻力小，容尘量大。过滤器采用板状结构，其主要过滤材料为喷涂乳胶的棕纤维，喷涂乳胶主要是使松散的棕纤维更加紧密，密度、孔隙均匀，并且乳胶还具有一定的粘接能力，使过滤精度更高。

（三）侧墙板式粗滤器

侧墙板式粗滤器安装在复合冷却器通风之路中，其主要作用是夏季可以有效的过滤空气中的柳絮及漂浮物，该滤器为 24 目板式钢丝网结构，阻力小，安装简单，清洗方便。

第三节 电气线路

HXD3D 型电力机车的电气线路主要由主电路、辅助电路、DC 600 V 列车供电电路、控制电路、制动系统控制电路和机车行车安全综合信息监控电路等组成。

一、主电路

机车主电路主要由网侧电路、主变压器、主变流器和牵引电动机电路等组成。

（一）网侧电路

网侧电路由受电弓 PG1、PG2，高压隔离开关 QS1、QS2，高压电压互感器 TV1，主断路器 MCB，高压接地开关 QS10，避雷器 F1、F2、F3，高压电流互感器 TA1，低压电流互感器 TA2，原边过流继电器 KC1，智能型电度表 PJ1，主变压器原边绕组 AX 及接地装置 EB1～EB6 等组成。

接触网电流通过受电弓 PG1 或 PG2 进入机车，经 25 kV 高压电缆进入高压柜，并经柜内的高压隔离开关 QS1 或 QS2 和主断路器的主触点 QF1 相连，并穿过高压电流传感器 TA1 与主变压器 TM1 的原边绕组 A 端子相连，经过主变压器原边绕组后，从 X 端子流出，再穿过低压电流传感器 TA2 后，通过 6 个并联的接地装置 EB1～EB6，经轮对回流至钢轨。

受电弓 PG1、PG2 和车顶避雷器 F1、F2 位于机车顶盖上，6 个接地装置 EB1～EB6 安装于车轴轴头，其余的网侧高压电器均安装于车内高压柜中，从而可以避免高压电器由于雨雪、风沙、粉尘等侵蚀、污染而引起的闪络击穿，降低维修成本，提高机车的可靠性。

（二）主变压器

机车主变压器设有的 6 组牵引绕组和 2 组辅助绕组，分别与 2 组变流柜相连，实现对机车牵引系统、辅助系统的供电。另外主变压器还设有 2 组列车供电绕组，分别与 2 组列车供电柜相连，实现对列车供电系统的供电。主变压器内还设有温度传感器、压力释放阀、油流继电器、布赫继电器，完成对主变压器的温度、压力的监测。主变压器的主要技术参数见表 3-1。

表 3-1 主变压器的主要技术参数

	高压绕组	牵引绕组	辅助绕组	供电绕组
额定容量(kV·A)	10 166	8 400	606	1 160
额定电压(V)	25 000	1 450×6	401×2	860×2
额定电流(A)	407	965×6	756×2	675×2

（三）主变流器和牵引电动机电路

机车安装有 2 组主变流柜 UM1 和 UM2，分别由主变压器的牵引绕组（a1-x1）~（a6-x6）供电，2 组主变流器将电源变换后，分别给牵引电动机 M1、M2、M3 和 M4、M5、M6 供电。

每组主变流柜内部可以看成由 3 个独立的“整流—中间电路—逆变”环节（称为牵引变流器）构成。每组牵引变流器的主要设备有 2 个接触器、1 个输入电流互感器、1 个充电电阻、1 个四象限整流器、1 个中间电路、1 个 PWM 逆变器和 2 个输出电流互感器。

机车 6 组牵引变流器的主电路和控制电路相对独立，分别为 6 个牵引电动机提供交流变频电源。当其中一组或几组发生故障时，可通过 TCMS 微机显示屏，利用触摸开关将故障的牵引变流器切除，剩余单元仍可继续工作，实现整车的冗余控制。

（四）保护电路

1. 主变压器牵引绕组过流保护

在每组牵引变流器的输入回路中，设有 1 个输入电流互感器 ACCT，用于监测变流器充电电流及牵引绕组短路电流。当保护发生时，四象限脉冲整流器和逆变器的门极均被封锁，输入回路中的工作接触器 K 断开，同时向微机控制系统发出跳主断路器信号。通过操纵台上的复位开关可进行故障恢复。若这种故障在 3 min 内连续发生两次，故障将被锁定，必须重启变流柜的控制系统，才能恢复正常。

2. 主接地保护电路

主回路正常时，由于只有 1 点接地，接地保护电路中流过的电流为 0，接地信号检测传感器无信号输出。

当主电路中有某一点接地时，接地检测回路有故障电流流过，传感器 GCT 输出信号,使保护装置动作。当保护发生时,四象限脉冲整流器和逆变器的门极均被封锁,输入回路中的工作接触器 K 断开,同时向微机控制系统发出跳主断路器信号。此时司机可将故障支路的变流器切除,机车还剩 5/6 的牵引动力,继续维持机车运行。

3. 牵引电动机过流保护

在每组牵引变流器的输出回路中,设有输出电流互感器 CTU、CTW,对牵引电动机过载及牵引电动机三相不平衡起控制和监视保护作用。当保护发生时,四象限脉冲整流器和逆变器的门极均被封锁,输入回路中的工作接触器 K 断开,同时向 TCMS 发出牵引变流器(以下简称 CI)过流信息,实施跳主断路器。

4. 原边电压保护

当原边网压高于 32 kV 且持续 10 ms 或者是高于 35 kV 且持续 1 ms 时,CI 实施保护,四象限脉冲整流器和逆变器的门极均被封锁,输入回路中的工作接触器断开,同时向微机控制系统发出原边过电压信息。

当原边网压低于 16 kV 且持续 10 ms 时,CI 实施保护,四象限脉冲整流器和逆变器的门极均被封锁,输入回路中的工作接触器断开,同时向微机控制系统发出原边欠压信息。

5. 瞬时过电压保护

在机车出现空转、滑行或者受电弓离线造成的网压中断等情况时,牵引变流器的中间回路上可能出现瞬时过电压,为了防止这种过电压对变流器造成损坏,在中间直流回路设有瞬时过电压限制电路(由 IGBT 和限流电阻组成)。中间直流电压由电压传感器 DCPT 来监测,当过电压存在时,过压保护电路中的 IGBT 将导通,直流回路能量经限流电阻 OVR2 释放,消除过电压。

当中间回路电压大于等于 3 200 V 时,瞬时过电压保护环节动作,四象限脉冲整流器和逆变器的门极均被封锁,输入回路中的工作接触器 K 断开。

当中间回路电压小于等于 2 000 V 时,中间回路低电压保护环节动作,四象限脉冲整流器和逆变器的门极均被封锁,输入回路中的工作接触器 K 断开(库内动车时除外)。

(五)库内动车电路

库内电源通过单相插座送入到牵引变流器中,进行库内动车作业。机车共设置 2 个主电路入库插座和 2 个主电路入库转换开关,方便库内动车需要。当需要用牵引电动机 M2 动车时,在主电路入库插座 XSM1 处接入库内动车电源引线,并将主电路入库转换开关 QS3 转至“库用”位，再闭合地面电源，通过操纵司机控制器机车便可以向前、后移动；当需要用牵引电动机 M5 动车时，在主电路入库插座 XSM2 处接入库内动车电源引线，将主电路入库用换开关 QS4 转至“库用”位，再闭合地面电源，通过操纵司机控制器机车便可以向前、后移动。

二、辅助电路

机车辅助电路从功能上可以分成相对独立的三部分电路：三相辅助电动机供电电路、辅助加热电路和库用电源电路。

（一）三相辅助电动机供电电路

机车设有 2 组独立的三相辅助电源，每组电源由辅助变流器、辅助滤波装置、接触器、自动开关及辅助电动机等构成。当一组辅助电源故障时，另一组辅助电源仍可保证机车辅助系统的正常工作，实现冗余控制。

1. 辅助变流器

机车有 2 组辅助变流器 UA11、UA12，分别位于 2 组主变流柜中，有 VVVF 和 CVCF 两种工作方式。正常状态下，辅助变流器 UA11 以 VVVF 方式工作，辅助变流器 UA12 以 CVCF 方式工作。每一台辅助变流器的额定容量是按照独立带整车辅机负载的工况设计的，因此正常情况下，辅助变流器 UA11、UA12 基本上以 50% 的额定容量工作。

当某一组辅助变流器发生故障时，不需要切除任何辅助电动机，另一组辅助变流器可以承担机车全部的辅助电动机负载。此时，工作的辅助变流器以 CVCF 方式运行，辅助电动机按全功率运行，从而确保机车辅助电动机供电系统的可靠性。该工况下只有操纵端的空气压缩机可以投入工作。辅助变流器的故障转换控制由 TCMS 自动完成。

辅助变流器中间直流回路同时给 DC 110 V 电源装置供电。辅助变流器 UA12 的输出经隔离变压器，给司机室各加热设备及低温预热回路供电。

2. 辅助电动机供电电路

机车 2 组三相辅助电源，向各类辅助负载供电。考虑机车牵引力、功率和各个电机的温度等因素的影响，辅助电源 1 的输出电压和频率将根据冷却系统的实际情况进行调整，采用 VVVF 方式工作；辅助电源 2 主要针对泵类负载供电，因此采用 CVCF 方式工作。通过这些措施，能够最大限度地减小辅助设备的能量消耗，有效地降低风机噪声，最大限度地延长风机轴承的寿命。

3. 库内辅助电源电路

当在库内需要对机车的辅助电动机进行动作及转向确认时,可通过辅助电路库用插座 XSA1 引入 DC 600 V 电源。操作辅助电路库用转换开关 QS11 至“库用”位,然后连接库用电源,将库内电源引入辅助变流器 UA12,进行辅助系统库内 600 V 动作试验。为了确保所有辅机均可工作,应通过微机显示屏将辅助变流器 UA11 隔离。

4. 辅助电动机电路

机车上的各辅助电动机均通过各自的自动开关与辅助变流器连接,除 2 台空气压缩机外,均不设电磁接触器。当辅助变流器采用软启动方式进行启动,除空气压缩机电动机外,其他辅助电动机也随之启动。空气压缩机的启动受电磁接触器的控制,电磁接触器受机车空压机扳键开关和总风缸空气压力继电器的控制。

(二)辅助加热电路

机车辅助加热装置主要有电热玻璃 EH11~EH14、侧墙暖风机 EH15~EH18、后墙暖风机 EH19~EH22、脚炉 EH23~EH26、膝炉 EH27~EH30、低温预热回路、卫生间预热、电水壶以及微波炉等,它们均由辅助变流器 UA12 通过隔离变压器 AT1 进行供电。

在侧墙、后墙暖风机支路上设置了功能转换开关 SA11、SA12,进行投入和切除转换,并设置了自动开关 QA31 和 QA32 进行过流保护。

在脚炉、膝炉支路上设置了功能转换开关 SA21、SA22,进行投入和切除转换,并设置了自动开关 QA35 进行过流保护。

在电热玻璃支路上设置了功能转换开关 SA13、SA14,进行投入和切除转换,并设置了自动开关 QA34 进行过流保护。

在微波炉 EH33 支路上设置了功能转换开关 SA15,进行投入和切除转换,并设置了空气自动开关 QA33 进行过流保护。另外,分别在 2 个司机室设置了电源插座 XS21、XS22 和在机械间中间走廊中部设置了 1 个电源插座 XS23,提供 220 V 交流电源。

机车辅助加热回路中,还设有低温预热回路,最初采用 DC 110 V 低温预热,机车一旦可以升弓合主断路器,辅助变流器工作后,就转由 AC 110 V 进行低温预热。当机车需要低温预热时,首先闭合自动开关 QA60、QA26,然后将低温预热开关 SA71 打至“开”位,接触器 KM22 闭合,采用 DC 110 V 低温预热方式,对辅助变流器 APU1/2、牵引变流器 MPU1/2、控制电源装置 PSU、微机系统 TCMS 等进行加热。预热一定时间，微机可以升弓合主断路器，当辅助变流器正常工作后，继电器 KE11 闭合，导致接触器 KM21 闭合，接触器 KM22 断开，转由 AC 110 V 进行低温预热，对相关设备进行加热。

通过闭合自动开关 QA36，可以对砂箱进行加热。

闭合自动开关 QA37，可以对压缩机进行低温加热。通过温控开关 TR-1，可以实现压缩机低温加热的自动投入和切除，当压缩机进行低温加热时压缩机不能工作。在压缩机的控制回路里，还设有温度保护开关 TS-1 和压力保护开关 PS-1，通过其常闭联锁，实现对压缩机的安全保护。

三、DC 600 V 列车供电电路

为满足机车牵引客运车辆的需要，机车设有 DC 600 V 供电电路。该电路主要由 2 个 DC 600 V 电源柜 LG1、LG2 和供电连接器 XSA2～XSA5 组成。列车供柜的输入电源分别由主变压器 TM1 的 2 个供电绕组（a9-x9）、（a10-x10）提供，经过柜内整流单元整流后，向客车车辆输出 DC 600 V 电源。

列车供电柜的电路分为主电路、辅助电路和控制电路 3 个部分。

四、控制电路

机车的控制系统是以 TCMS 为核心，结合目前国内现有的机车行车安全综合信息监控系统和 CCB Ⅱ 电控制动系统，配以机车外围电路来进行设计的。TCMS 主要功能是实现机车特性控制、逻辑控制、故障监视和诊断，并将有关信息送到司机操纵台上的微机显示屏。TCMS 主要包括 1 个控制主机和 2 个显示单元，其中控制主机采用冗余设计，设有两套热备冗余的控制单元，一套为主控制单元（Master），一套为从控制单元（Slave）。当主控制单元发生故障时，从控制单元立即自动投入工作。

机车控制系统主要完成下列功能：

1. 顺序逻辑控制：如升、降受电弓，分、合主断路器，机车的换向、牵引、制动，辅助电动机的逻辑控制，机车库内动车逻辑控制，主辅变流器库内试验逻辑控制等。

2. 机车特性控制：采用恒牵引力/制动力+准恒速特性控制，实现对机车的控制要求。

3. 定速控制：根据机车运行速度，可以实现牵引工况下机车恒定速度控制。

4. 辅助电动机的控制：除空气压缩机外，机车各辅助电动机根据机车准备情况，在外部条件具备的前提下，由 TCMS 发出指令，与辅助变流器同时启动、运行。空气压缩机则根据总风缸压力情况，通过控制接触器的分合来实现控制。

CCBⅡ制动系统的电空网络控制主要完成下列功能：

1. 机车黏着控制：包括防空转、防滑行控制、轴重转移补偿控制。

2. 故障诊断、显示与保护：通过设在司机室的微机屏显示机车正常运行的状态信息，如网压、原边电流、机车工况、级位、机车牵引力、机车速度等；设备的工作状态，如主变流器、辅助变流器的状态等；开关状态，如主断路器、辅助接触器、各种故障转换开关的状态；还能够实时显示机车发生的故障信息，发生故障的设备、故障处理的方法等，并记录故障发生时的有关数据。

3. 机车重联控制：可以实施同型号的 2 台机车重联。

第四节　机车控制监视系统

一、概述

TCMS 根据司机指令完成对主变流器及异步电动机的实时控制、辅助变流器的实时控制、牵引/制动特性控制、传动系统的时序逻辑控制，显示机车运行状态，具备完整的故障保护、故障记忆及显示功能，并具有一定程度上的故障自排除、自动切换和故障处理指导功能。

二、机车控制监视系统

（一）系统的构成

机车控制监视系统在硬件上主要由电源模块、逻辑运算控制部分、数字量输入/输出部分、模拟量信号采集部分、通信部分等组成。主控制单元采用 32 位 CPU，并在配置上采取冗余、双机热备措施，以提高系统的可靠性。机车控制监视系统机箱外形结构如图 3-6 所示。

机箱内包括 AVR 电源模块，为 TCMS 提供工作所需的各种直流电，如 24 V、±15 V、5 V；PUZ 处理器单元，包括 CPU、软件以及与显示屏通信的接口；DET 检测模块，检测主控制系统是否存在故障，以便在主系统发生故障时立即进行主辅系统

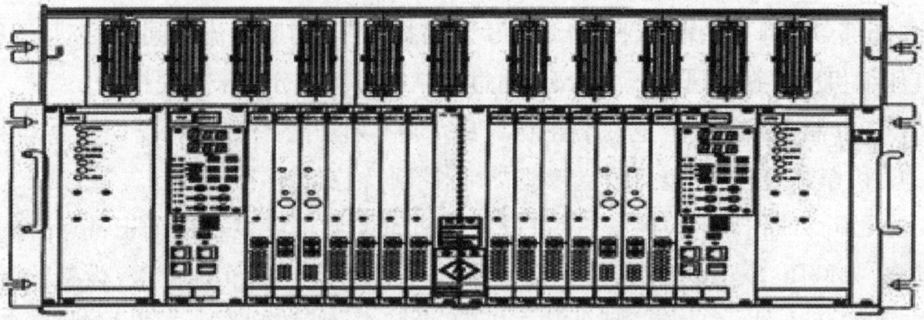

图 3-6　机车控制监视系统机箱外形结构

的切换；SIF 串行通信接口，完成 TCMS 与两个主变流器和辅助变流器之间的通信，以及 TCMS 与列车供电柜、DC 110 V 电源装置、机车远程控制系统 CMD 和制动系统之间的通信；DI 数字量输入模块，将接收到的各种开关信号处理后传送给处理器单元；AUX 辅助模块，具有数字量输出、模拟量输入及脉冲量输入的功能，实现对各辅助继电器的控制及特殊信号的输入功能；MDM 重联控制模块，将本车的信息通过 Ethernet 传往他车，并将收到的他车信息传送给处理器单元，实现机车的重联功能。

（二）系统的功能

TCMS 在整个机车控制中起主导作用，它的工作正常与否直接决定了机车能否安全、正常地运行。TCMS 主要完成如下工作：通过人机接口接收所有输入指令，采集各种反馈信号，进行相关运算，生成相应控制命令，将命令以通信方式发送给主变流器、辅助变流器，将计算结果、故障信息、有关参数送显示屏显示，并在重联时将重联命令通过网络传送给重联机车。在主控制系统出现故障时，双机热备的机制将自动切换到辅控系统。

（三）控制与保护功能

TCMS 将完成机车下列方面的控制和保护功能：

受电弓控制、主断路器（VCB）控制、机车控制系统的输入/输出、机车的逻辑控制、机车的牵引特性控制、机车的制动特性控制、主变流器控制、辅变流器控制、定速控制、冗余控制、自动过分相控制、无人警惕控制、停车位置控制、重联控制、智能故障诊断及显示、机车保护控制等。

（四）故障处理与记录

TCMS 在机车出现故障时，以显示屏显示和报警灯指示的两种方式，通知操作人员，并自动完成相应的保护动作，记录发生故障时的相关信息，为后期诊断提供有用且必要的信息，具有一定的故障处理指导功能，而且还可以通过便携式计算机将故障履历下载进行分析和保存。TCMS 对故障信息进行分级管理，并按级别进行显示。

（五）信息显示

显示部分设计的原则是以 HXD3B 型电力机车的显示画面为基础，融合 HXD3C 型电力机车现有的显示习惯，力求显示简洁、明了醒目。

画面的上部为各项功能选择的触摸键，系统能够根据不同的工况和选择，显示不同的功能键，包含操作/维护、列车信息、控制、空气制动系统、过程数据、数据输入、维护测试、事件履历等；中间区域为主信息显示区，根据不同的工况、按键的选择，将显示牵引/制动的有关参数、机器的状态、开关信息，还包含时间、机车重联状态、机车速度、司控器级位等信息；底部为信息提示区，左侧显示故障内容，右侧显示机车状态信息包含机车运行方向、受电弓状态、主断路器状态、无人警惕状态、过分相状态、撒砂状态、空转/滑行状态、空气防滑行保护状态、制动状态等，同时具有故障导向信息的提示。通过显示屏还可显示出机车重联与否以及重联机车的故障信息。

三、微机显示屏显示

交流传动客货通用电力机车采用 TCMS，微机控制柜将机车主变流器、辅助变流器、控制电器柜、列车供电柜、DC 110 V 电源装置、司机室控制开关等电气的信息汇总，通过分设在Ⅰ、Ⅱ端司机室的微机显示屏进行各种信息显示。司机应学会使用微机显示屏，了解机车各种设备的工作状态及各种指令的开断信息，迅速完成机车故障的查找，确保机车的可靠运行。

显示模式主要可以分为操作模式、维护模式和故障模式。

（一）操作模式

操作模式显示如图 3-7～图 3-26 所示。

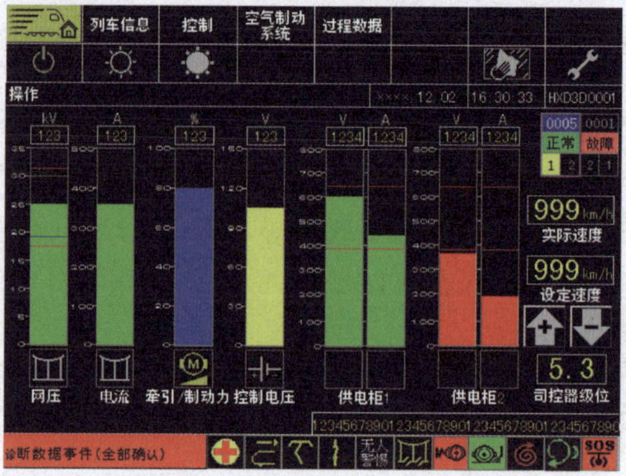

图 3-7　机车控制监视系统主界面

图 3-8　机车控制监视系统待机界面

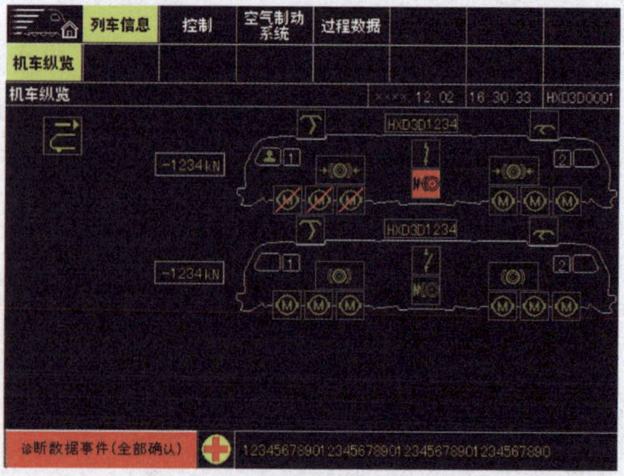

图 3-9　机车控制监视系统列车信息—机车纵览界面

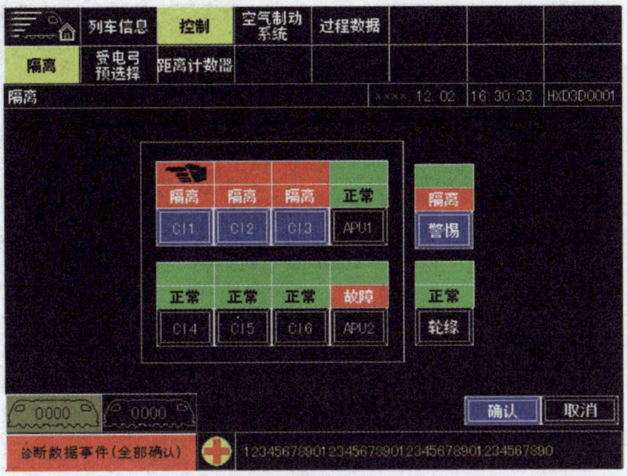

图 3-10　机车控制监视系统控制—隔离界面

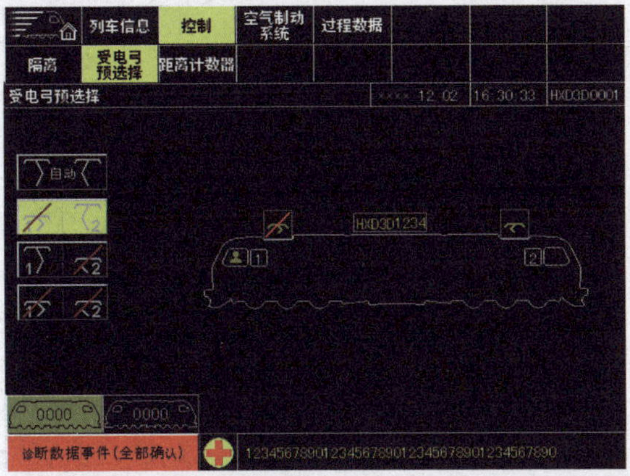

图 3-11　机车控制监视系统控制—受电弓预选择界面

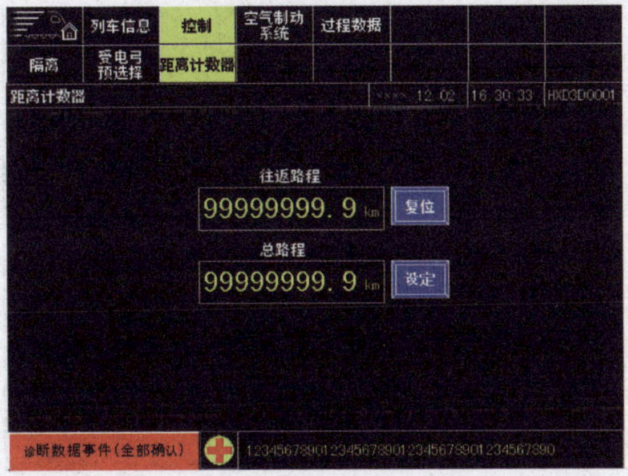

图 3-12　机车控制监视系统控制—距离计数器界面

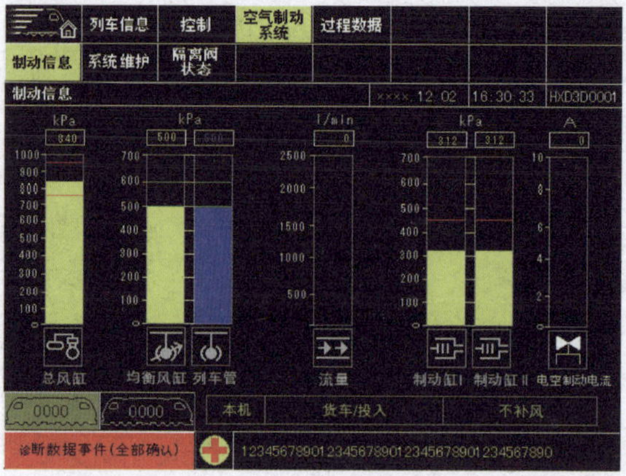

图 3-13　机车控制监视系统空气制动系统—制动信息界面

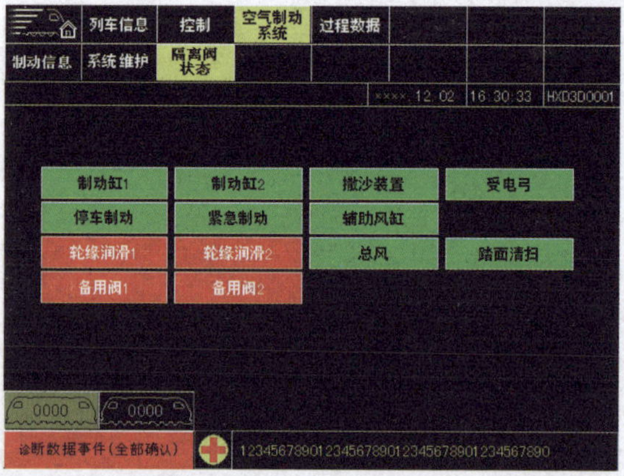

图 3-14　机车控制监视系统空气制动系统—隔离阀状态界面

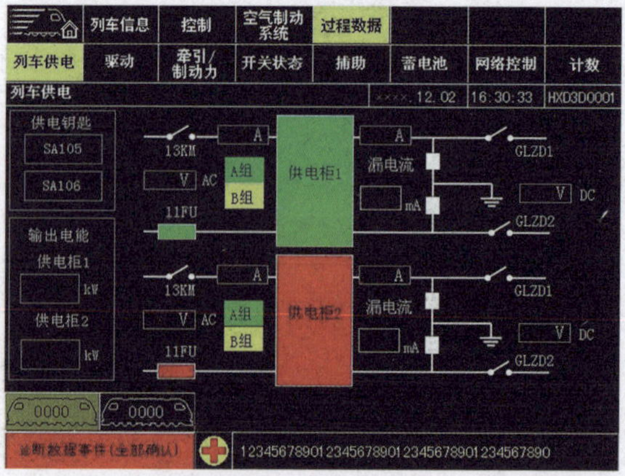

图 3-15　机车控制监视系统过程数据—列车界面

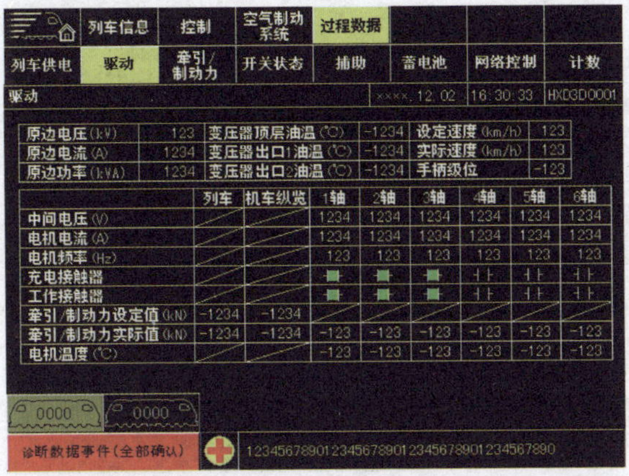

图 3-16　机车控制监视系统过程数据—驱动界面

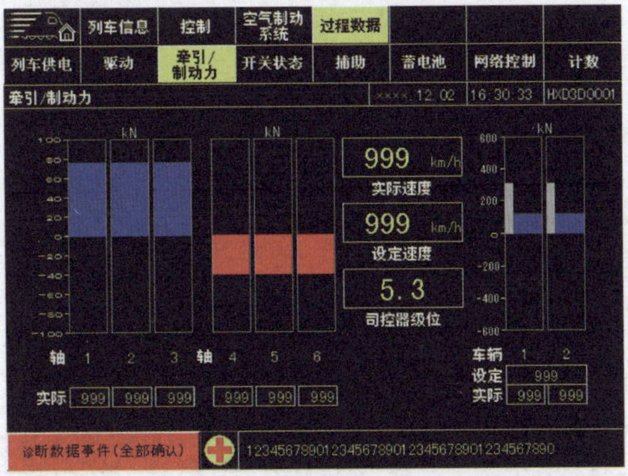

图 3-17　机车控制监视系统过程数据—牵引/制动力界面

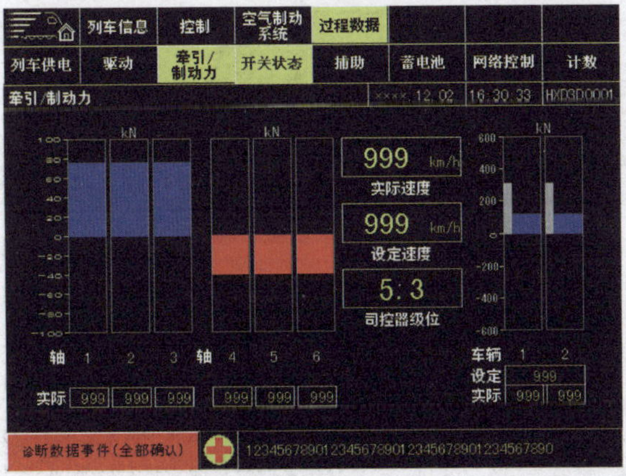

图 3-18　机车控制监视系统过程数据—开关状态界面

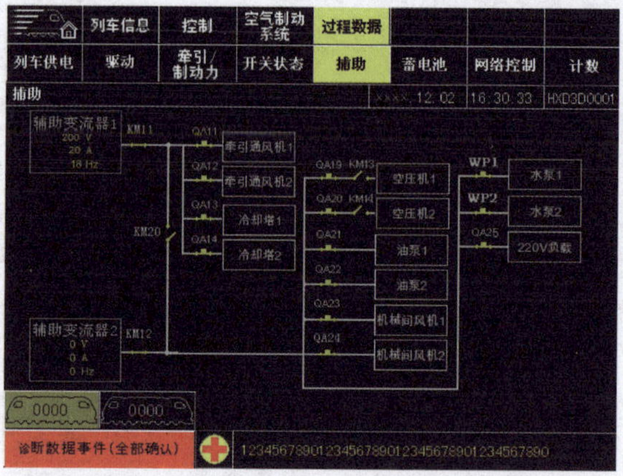

图 3-19　机车控制监视系统过程数据—辅助界面

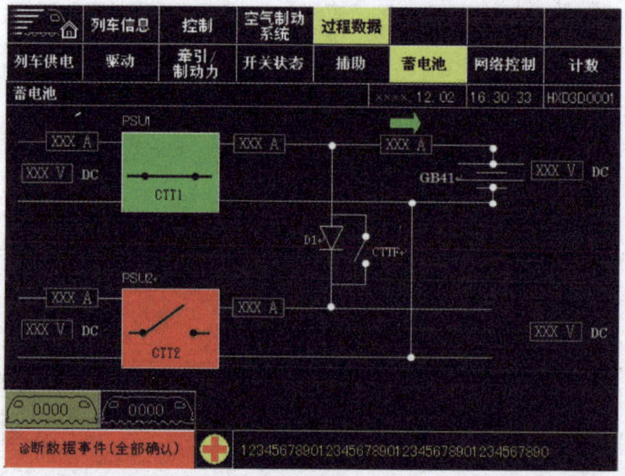

图 3-20　机车控制监视系统过程数据—蓄电池界面

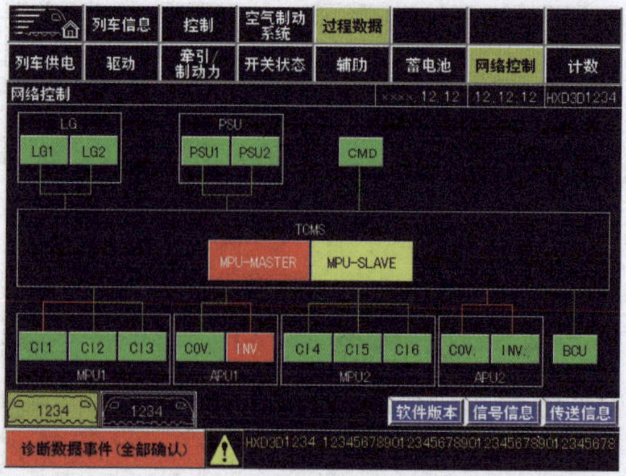

图 3-21　机车控制监视系统过程数据—网络控制界面

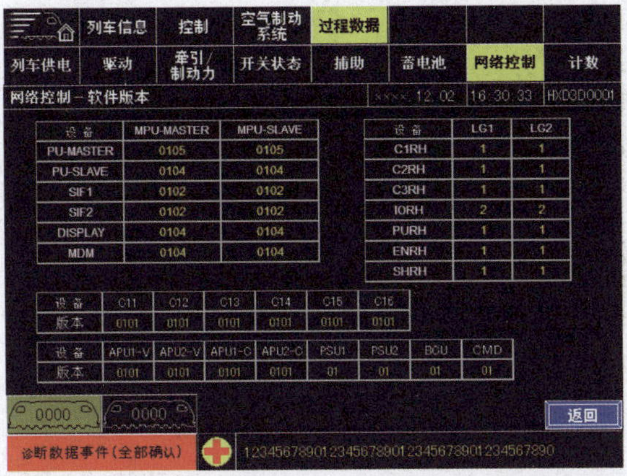

图 3-22　机车控制监视系统过程数据—网络控制—软件版本界面

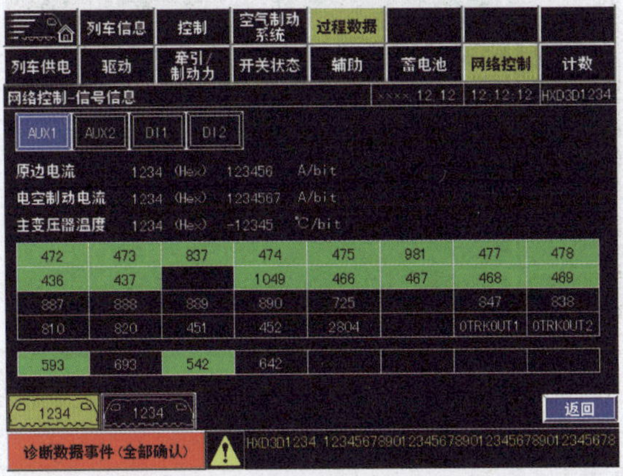

图 3-23　机车控制监视系统过程数据—网络控制—信号信息界面

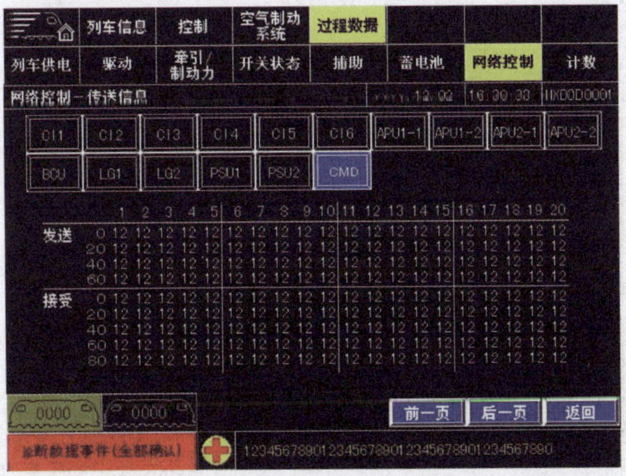

图 3-24　机车控制监视系统过程数据—网络控制—传送信息界面

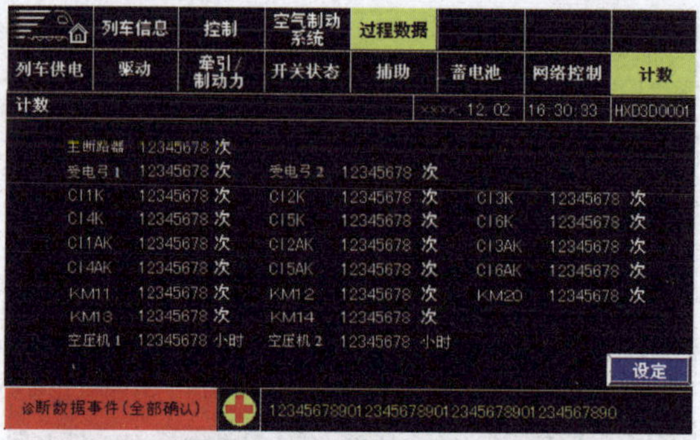

图 3-25　机车控制监视系统过程数据—计数界面

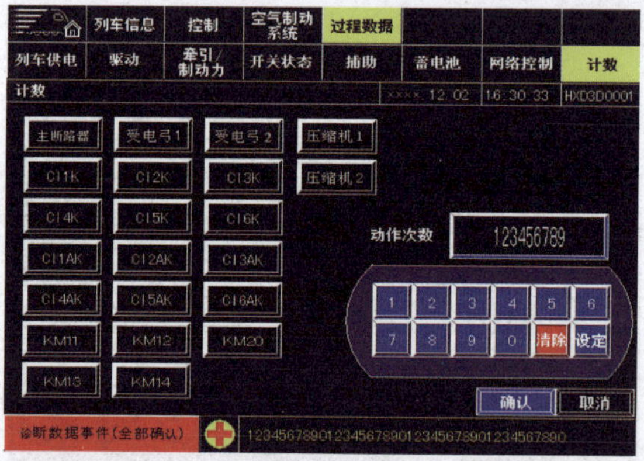

图 3-26　机车控制监视系统过程数据—计数—设定界面

（二）维护模式

维护模式显示如图 3-27～图 3-41 所示。

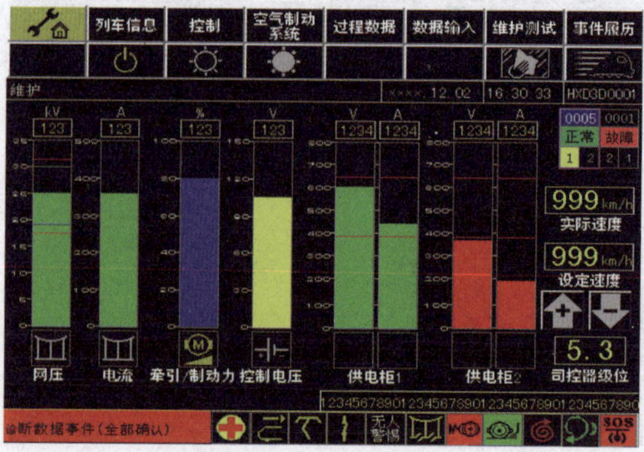

图 3-27　机车控制监视系统维护界面

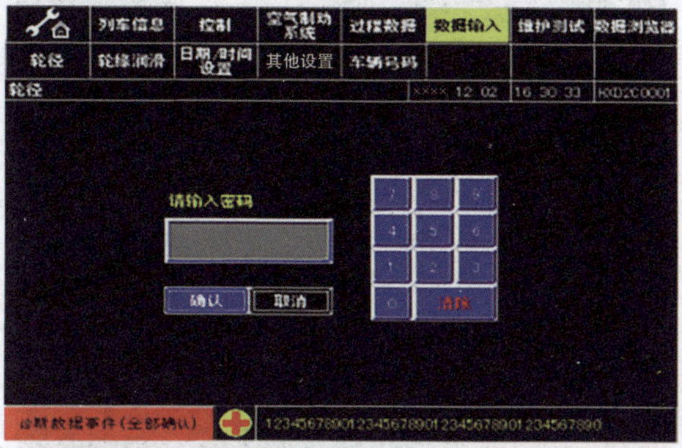

图 3-28 机车控制监视系统数据输入界面

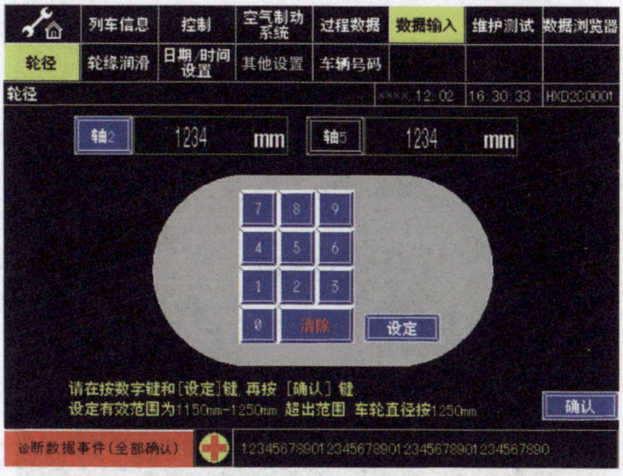

图 3-29 机车控制监视系统数据输入—轮径界面

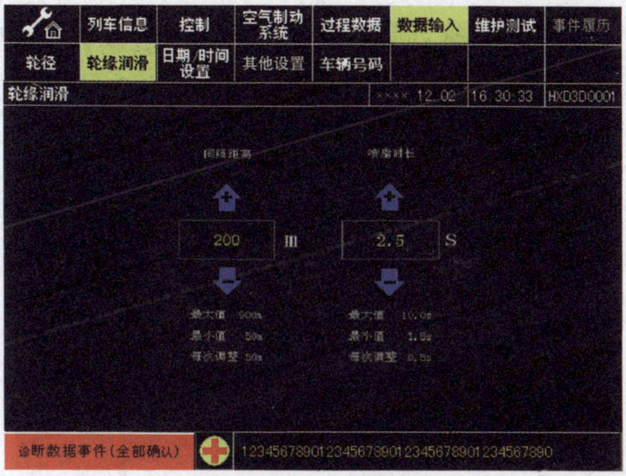

图 3-30 机车控制监视系统数据输入—轮缘润滑界面

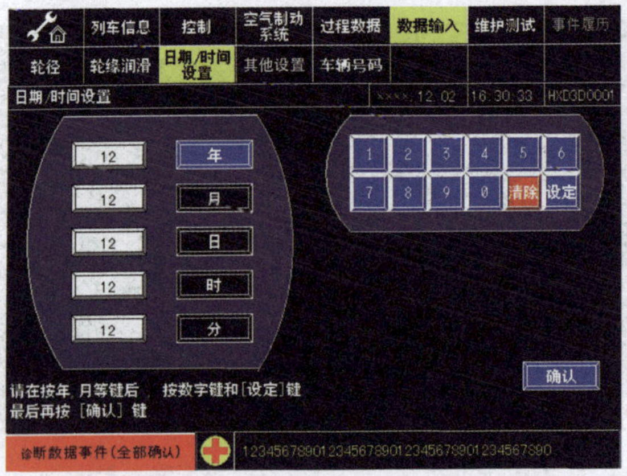

图 3-31　机车控制监视系统数据输入—日期/时间设置界面

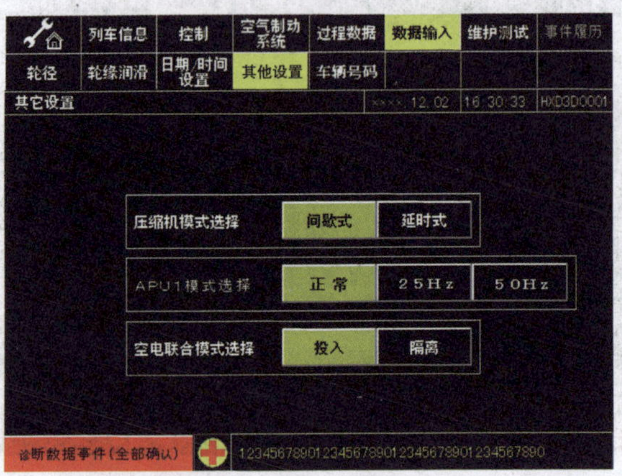

图 3-32　机车控制监视系统数据输入—其他设置界面

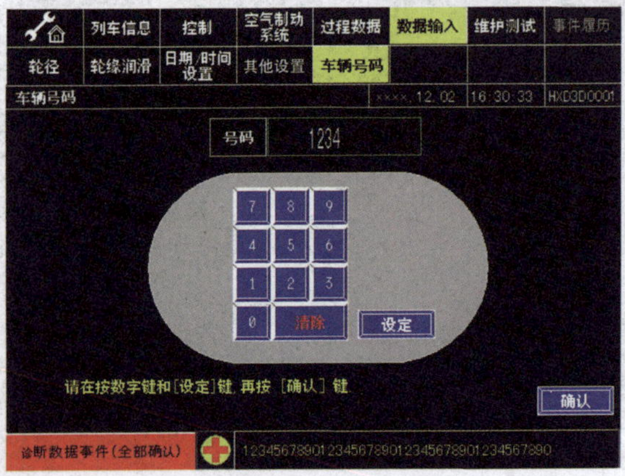

图 3-33　机车控制监视系统数据输入—车辆号码界面

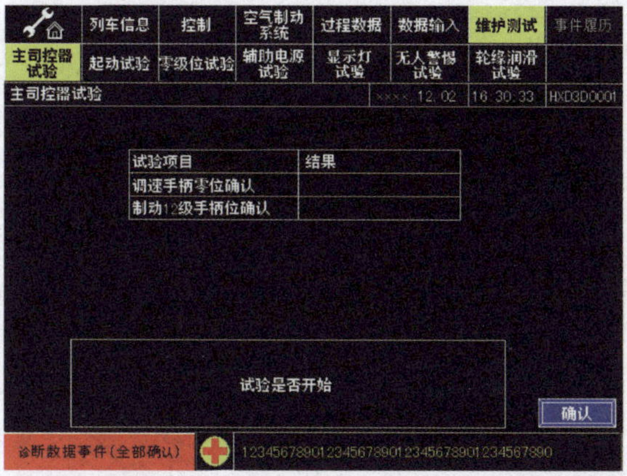

图 3-34 机车控制监视系统维护测试—主司控器试验界面

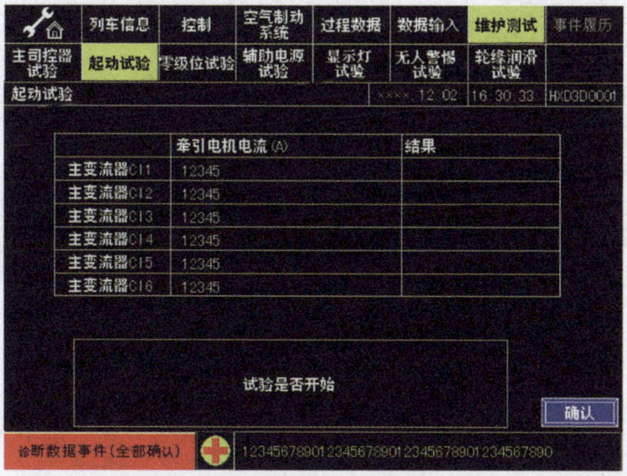

图 3-35 机车控制监视系统维护测试—起动试验界面

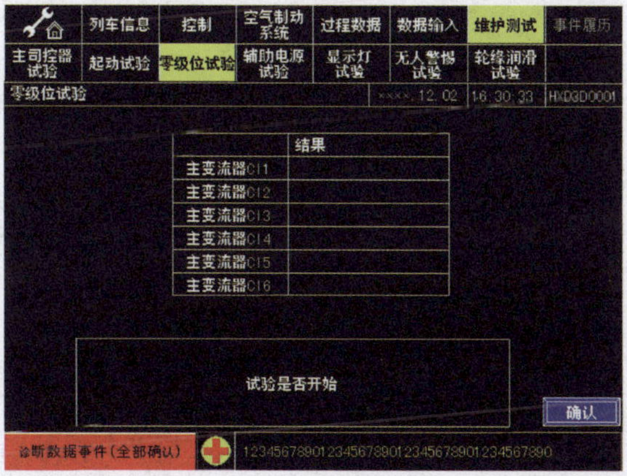

图 3-36 机车控制监视系统维护测试—零级位试验界面

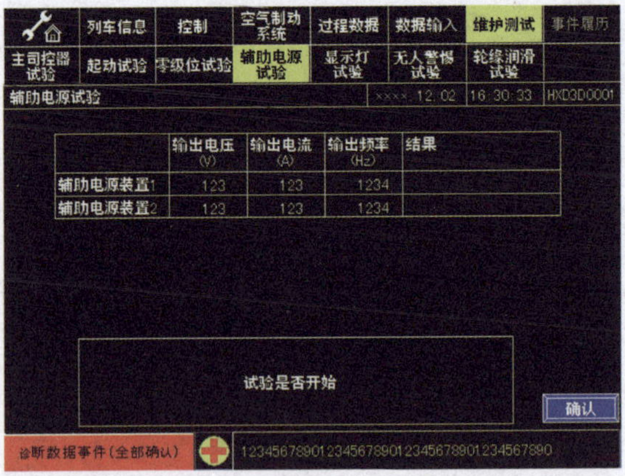

图 3-37　机车控制监视系统维护测试—辅助电源试验界面

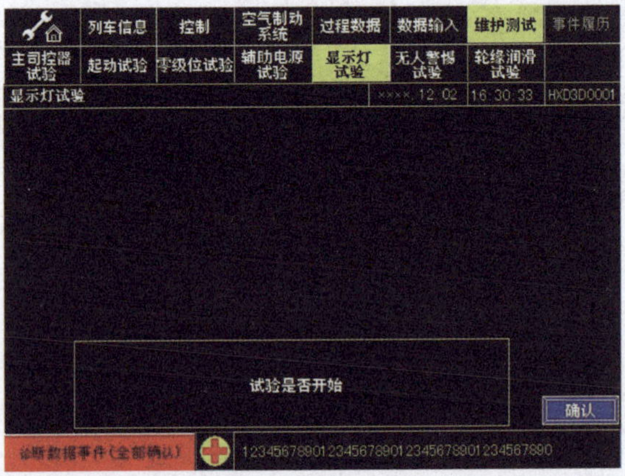

图 3-38　机车控制监视系统维护测试—显示灯试验界面

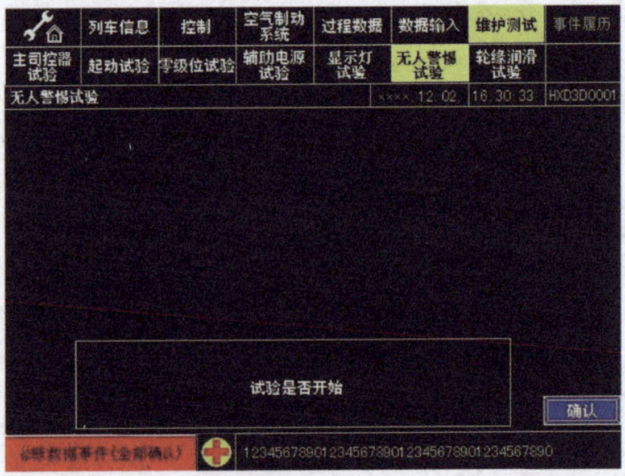

图 3-39　机车控制监视系统维护测试—无人警惕试验界面

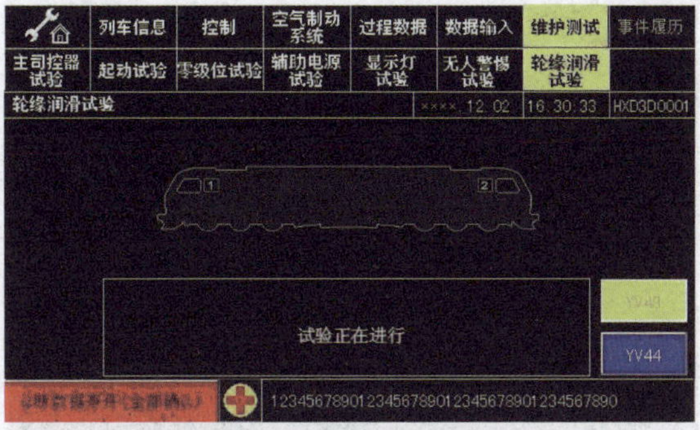

图 3-40　机车控制监视系统维护测试—轮缘润滑试验界面

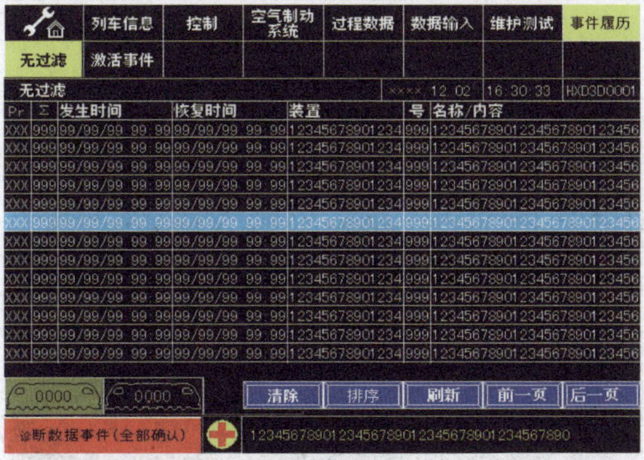

图 3-41　机车控制监视系统事件履历—无过滤界面

（三）故障模式

故障模式如图 3-42～图 3-45 所示。

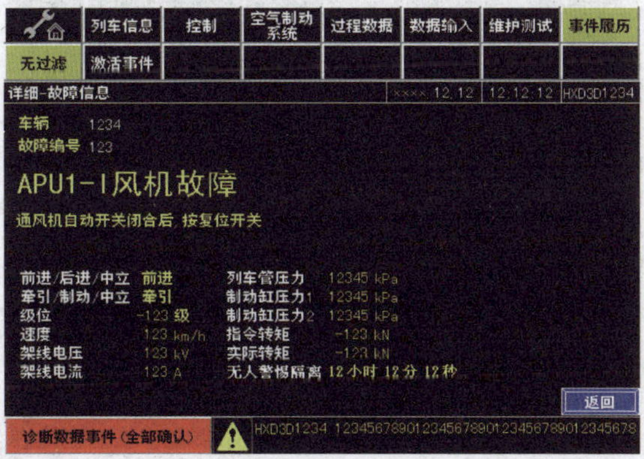

图 3-42　机车控制监视系统详细—故障信息界面

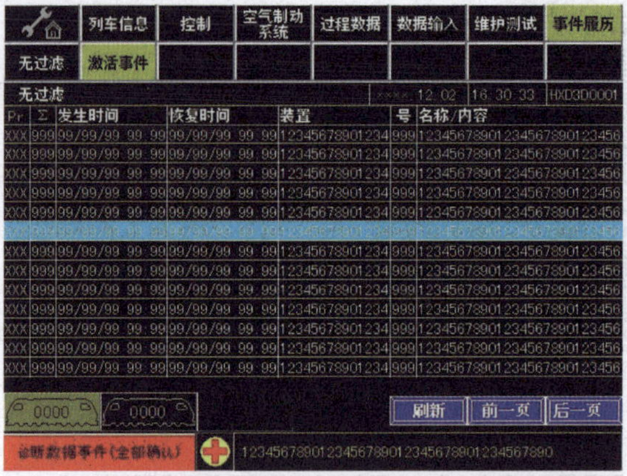

图 3-43　机车控制监视系统事件履历—激活事件界面

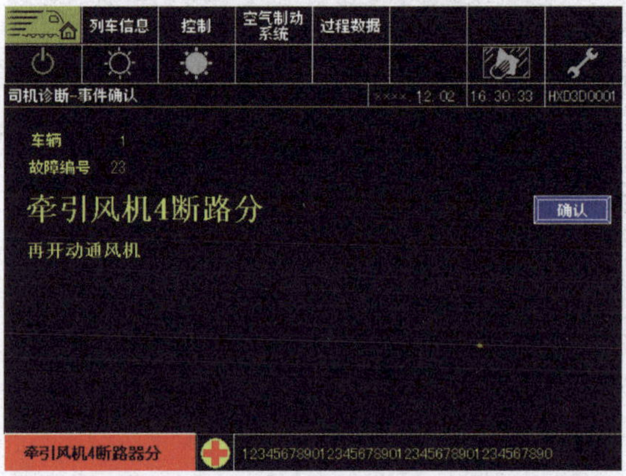

图 3-44　机车控制监视系统司机诊断—事件确认界面

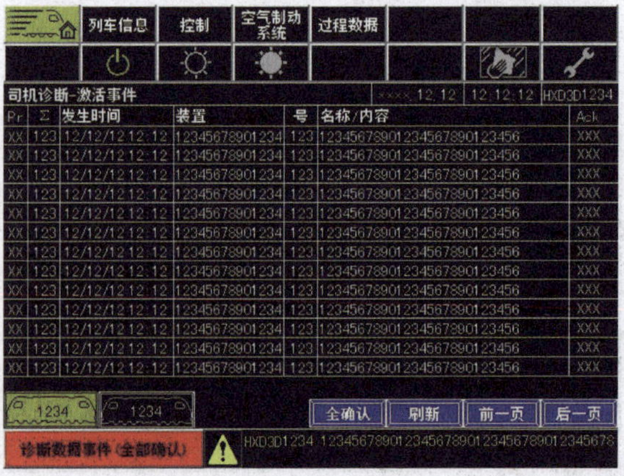

图 3-45　机车控制监视系统司机诊断—激活事件界面

复习思考题

1. HXD3D 型电力机车主变压器的组成是什么？
2. HXD3D 型电力机车辅助变流器的工作方式是什么？
3. HXD3D 型电力机车的作用是什么？

第四章

空气管路与制动系统

知识目标

掌握制动系统的工作原理、控制关系和主要部件的功能。

能力目标

能够对制动系统进行正确的操作和维护，确保列车安全；能够应对紧急情况下的制动需求，进行有效的处理。

素质目标

培养应急处理能力，提高对突发状况的快速反应。强化安全责任感，确保列车的绝对安全。

第一节　概述

制动系统是机车及列车安全行车中必不可少的装置，同时为了提高列车的通过能力，也必须有动作灵敏、控制精确、制动能力强的制动系统。CCB Ⅱ微机控制制动系统，采用大功率轮盘制动装置，采用先进的螺杆式空气压缩机作为风源设备。本章以 HXD_{3B} 型电力机车为主进行讲解。

一、该制动机具有以下技术特点

1. 控制准确性高，反应迅速。
2. 安全性较高。
3. 部件集成化高，可进行部件的线路更换，维护简单。
4. 有自我诊断、故障显示及处理方法提示功能。
5. 系统内部通过 LON 网通信，系统同机车间通过 MVB 网进行通信。

二、电力机车制动控制原则

1. 优先使用机车动力制动。

2. 通过自动制动阀或监控装置实施常用制动,经计算机车施加同空气制动力相当的动力制动,列车施加空气制动。

3. 通过自动制动阀、车长阀或监控装置实施紧急制动,经计算机车施加同空气紧急制动力相当的动力制动,列车施加空气紧急制动。

4. 通过紧急按钮实施紧急制动时,机车断开主断路器后施加空气制动,列车施加空气制动。该紧急按钮为非常情况(如机车起火,主断路器粘接等电气故障)设计。

5. 通过单独制动阀实施制动,机车施加空气制动。

6. 通过司控器可以施加动力制动,其最大值为 480 kN。

7. 若司控器和自动制动阀同时实施动力制动,取其大值。

8. 若单独制动阀施加的空气制动大于 90 kPa,机车将不再施加或切除动力制动;若单独制动阀减压使空气制动小于 60 kPa,机车可以施加动力制动或恢复动力制动。

9. 通过功能选择,机车可以实现自动制动阀、监控装置、车长阀动作后机车仅执行空气制动的功能。

空气管路与制动系统的管路原理图如图 4-1 所示。

空气管路与制动系统的布置如图 4-2 所示。

空气管路与制动系统的组成如图 4-3 所示。

空气管路与制动系统的控制关系如图 4-4 所示。

CCBⅡ制动系统控制部分及辅助功能控制部分集成在空气制动柜中,如图 4-5 所示。

第二节　风源系统

风源系统的作用是为机车及车辆的制动系统提供符合要求的干燥、洁净的压缩空气。

HXD_{3B} 型电力机车采用 2 台 SL20-5-102 型螺杆式空气压缩机组作为系统风源,排风量为每台 2 400 L/min。配套使用 2 个 LTZ2. 2-H 型双塔干燥器,和 2 个 OEF2 型微油过滤器作为风源滤水、滤油的处理装置。其双塔干燥器的空气处理量

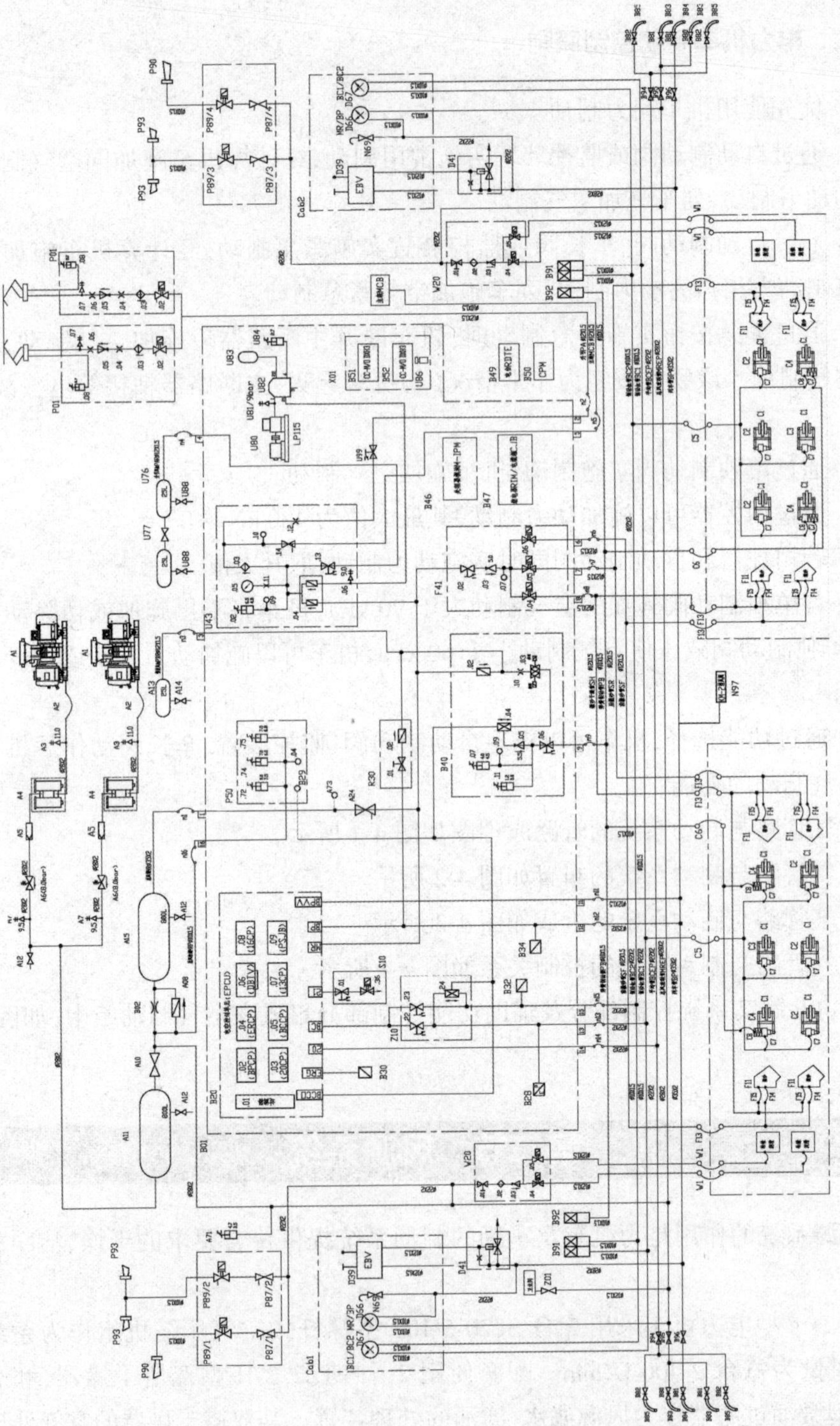

图4-1　空气管路与制动系统的管路原理

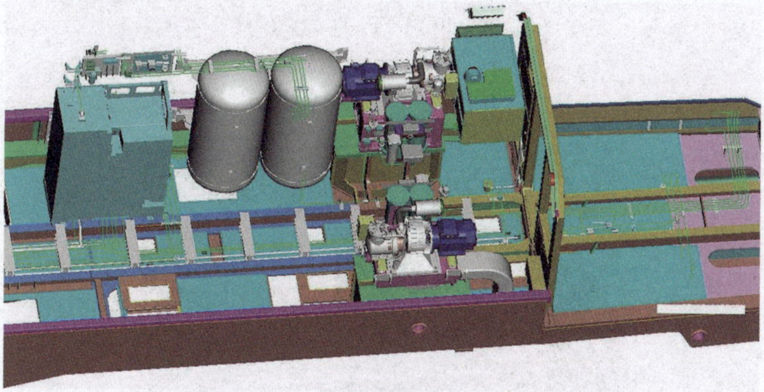

图 4-2 空气管路与制动系统布置

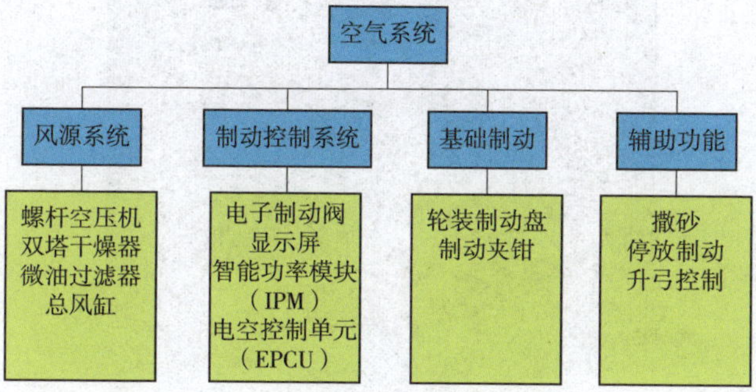

图 4-3 空气管路与制动系统组成

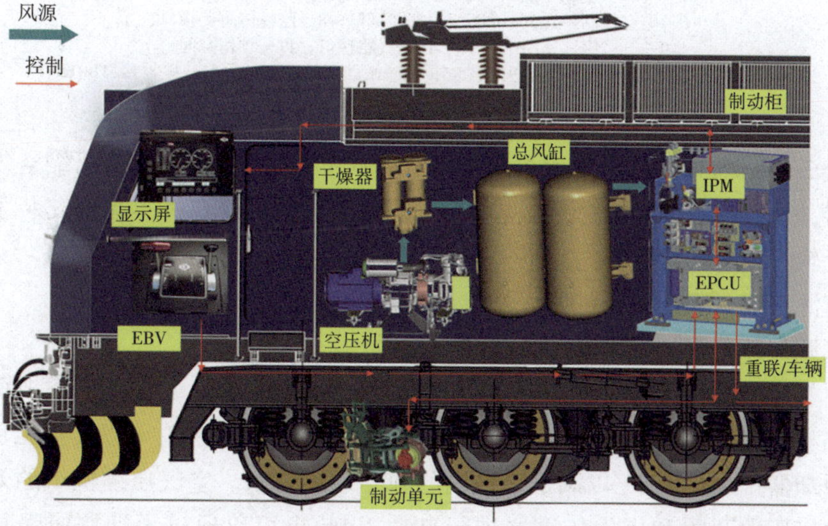

图 4-4 空气管路与制动系统的控制关系

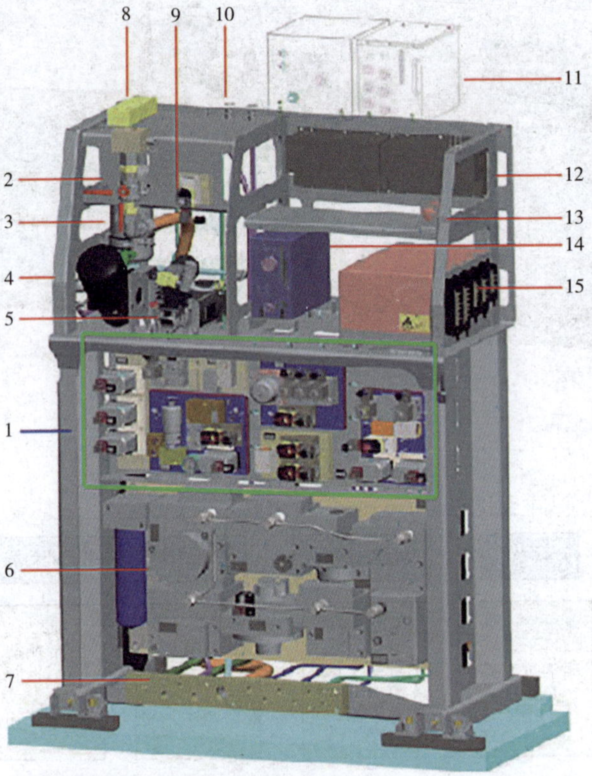

1—辅助控制模块；2—总风截断塞门B01A24；3—干燥风缸B01U83；
4—辅助干燥器B01U82；5—辅助压缩机B01U80；
6—电空控制单元B01B20；7—气路接口；8—监控传感器接口；
9—升弓钥匙塞门B01U99；10—气路接口；11—预留空间；
12—I/O模块；13—辅助压缩机按钮B01U86；14—微处理器B01B46；15—电器接口B01B47。

图 4-5　制动柜布置

为每个 2.4 m^3/min。机车采用 2 个容积均为 800 L 的风缸串联作为压缩空气的储存容器，风缸采用车内立式安装。为了满足机车重联功能在机车端部安装了总风重联管软管和平均管软管。

风源系统原理如图 4-6 所示。

风源部件布置如图 4-7 所示。

空气压缩机组型号为 SL20-5-102，如图 4-8 所示，为螺杆式压缩机组，其驱动电机为三相交流电动机。此空气压缩机组有温度、压力控制装置，可以实现无负荷启动。冷却器排风口向下，以满足机械间的独立通风要求。空气压缩机组的开停状态由总风压力开关和压力传感器进行自动控制，也可以通过手动按钮强行控制开停。

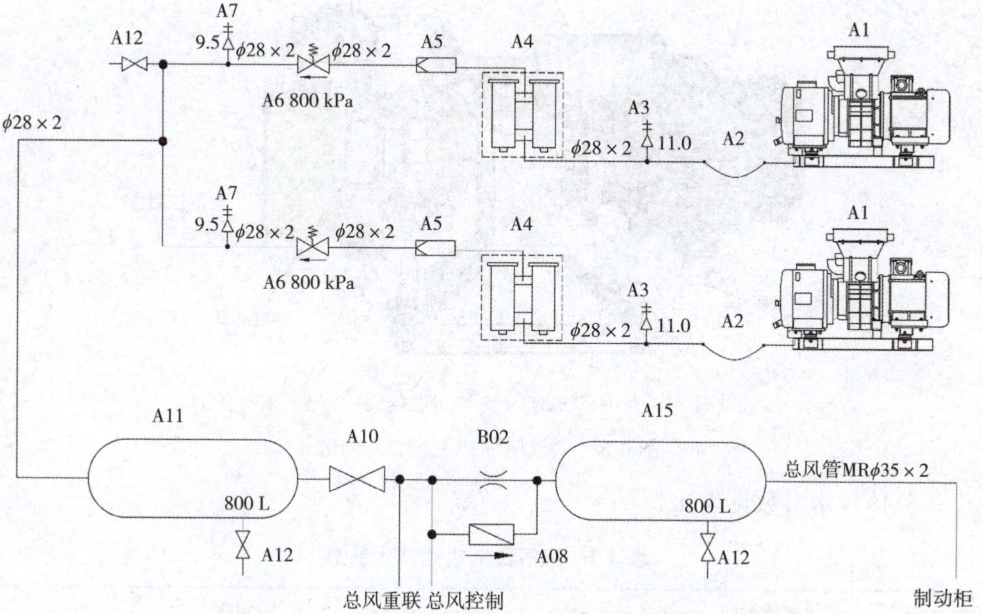

A1—空气压缩机组；A2—软管；A3—安全阀；A4—双塔干燥器；A5—微油过滤器；
A6—最小压力阀；A7—安全阀；A8—单向阀；A10—截断塞门；
A11—第一总风缸；A12—排水塞门；A15—第二总风缸；B02—限流缩堵。

图 4-6　风源系统原理

图 4-7　风源部件布置

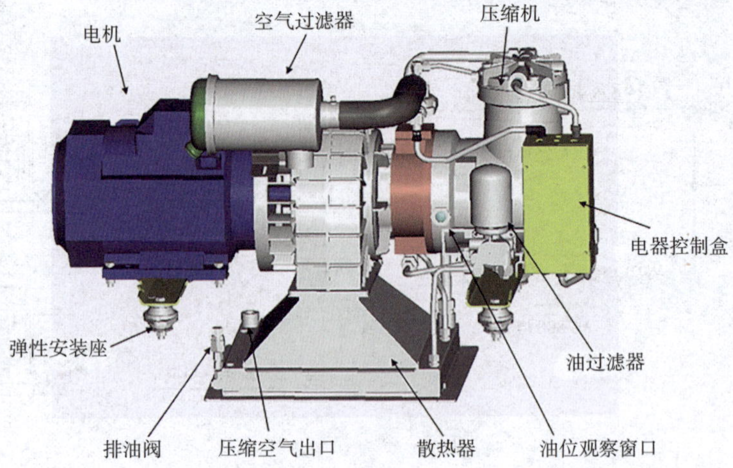

图 4-8　空气压缩机组 SL20-5-102

具体技术参数见表 4-1。

表 4-1　空气压缩机组技术参数

排风量(L/min)	2 400
工作压力(kPa)	1 000
转速(r/min)	3 515
工作温度(℃)	−40～+50
油量(L)	5.7
功率(kW)	21.5×(1±7%)
工作电压(V)	460×(1±10%)
频率(Hz)	60
启动电流(A)(20 ℃时)	254×(1±20%)
加热功率(W)	500×2
防护等级	IP55
长×宽×高(mm)	1 248×538×782
质量(kg)	240×(1±3%)

一、控制模式

本机车装有两台螺杆空气压缩机组，为间歇工作制。通过压力开关及压力传感器进行启停控制，启停压力见表 4-2。

表 4-2 启停压力

序号	总风缸压力	启动台数	启动位置
1	680 kPa<*P*<750 kPa	1	软件计算控制
2	*P*<680 kPa	2	全部

二、工作原理

螺杆压缩机由阴阳两个螺杆形的转子旋转进行空气的压缩和输送，900 kPa 的压缩空气一级压缩产生。空气压缩机组工作示意如图 4-9 所示。

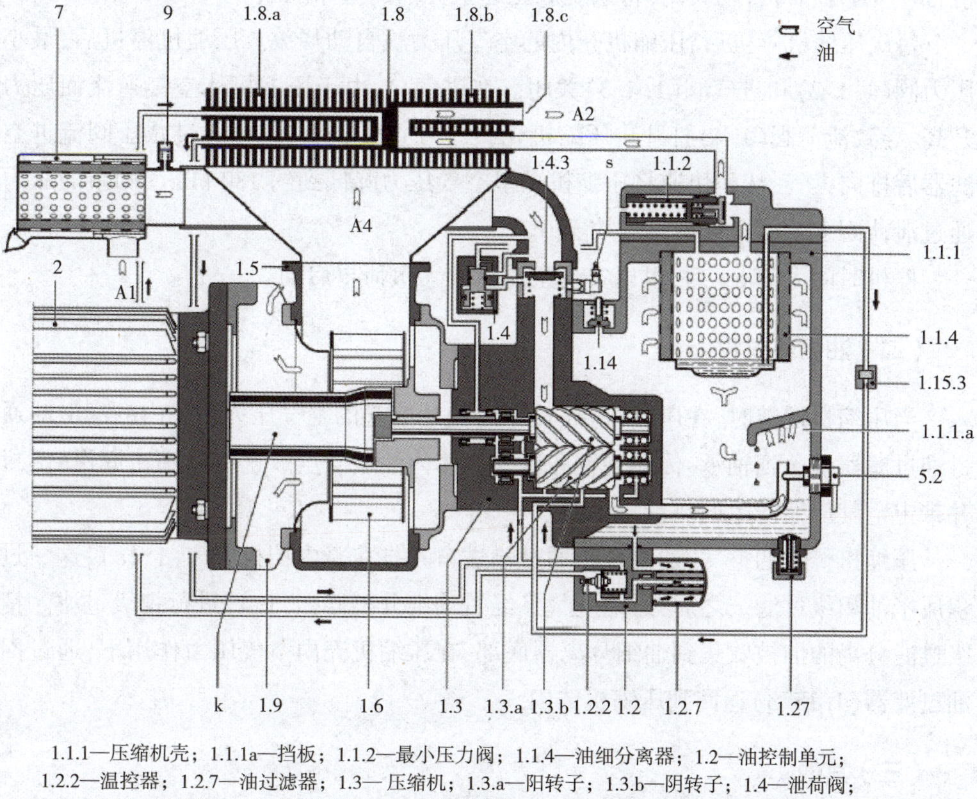

1.1.1—压缩机壳；1.1.1a—挡板；1.1.2—最小压力阀；1.1.4—油细分离器；1.2—油控制单元；1.2.2—温控器；1.2.7—油过滤器；1.3— 压缩机；1.3.a—阳转子；1.3.b—阴转子；1.4—泄荷阀；1.4.3—进气阀；1.5—风扇蜗壳；1.6— 离心风扇；1.8— 冷却器；1.8.a—油冷却器；1.8.b—空气冷却器；1.8.c—压缩空气出口；1.9— 外壳连接体；1.14—安全阀；1.15.3—回油过滤器；1.27—排油阀；2—三相电机；5.2—温度开关；7—空滤器；9—真空指示器；k—联轴节；s—压力开关；A1—压缩空气进口；A2—压缩空气出口；A4—冷却空气。

图 4-9 空气压缩机组工作示意

（一）空气压缩过程

空气通过空滤器(7)和进气阀(1.4.3)吸入压缩机体(1.3)。空气被压缩后，通过与转子连接的输送口被推进压缩机壳(1.1.1)。

如果压缩机启动时,压缩机壳里无空气压力,最小压力阀(1.1.2)将保持关闭状态,以便使压缩机壳内迅速建立起空气压力,帮助润滑油尽快循环。

当压缩机壳内空气压力达到约 650 kPa 时,最小压力阀打开并将压缩空气送出。

送出的压缩空气达到系统的规定压力后,压缩机受总风压力开关控制自动停机,最小压力阀将自动关闭,将系统和压缩机壳内的通路隔断。

每次压缩机停机后,压缩机壳内的空气压力被自动释放。压缩机停机后,最小压力阀(1.1.2)和进气阀(1.4.3)关闭。在进气口,由于压缩机体空气逆流而压力升高,导致泄荷阀(1.4)打开。压缩机壳(1.1.1)里压缩空气可通过减压阀流进空滤器后排向大气,从而快速将压缩机壳里空气压力降低到约 180 kPa。剩余的压力通过泄荷阀上的缩孔被缓慢排放至 0。

停机时间大于 6 s 后,可以实现空压机的无负荷再启动。

（二）油循环过程

当压缩机运转时,在压缩机壳(1.1.1)里建立起的空气压力将壳内的润滑油通过油过滤器输送到轴承、传动装置和压缩机体内油喷射点。这些油用于润滑,密封并带走空气压缩产生的热量。

压缩机传送的空气/油混合物通过输送口并打在壳内挡板上(1.1.1a),这一过程属于油粗级过滤。之后,压缩空气又经过油细分离器(1.1.4)进行精级过滤。精级过滤分离的油被收集到油细分离器底部,在压缩机壳内空气压力作用下,通过回油过滤器(1.15.3)返回到压缩机体内。

（三）其他

当压缩机运转时,如果在压缩机壳内没有建立起空气压力,压缩机将不能被充分润滑和冷却。在这种情况下,转子可能被快速损坏。

当润滑油温度高于 83 ℃,油控制单元(1.2)中温控器(1.2.2)打开到油冷却器(1.8.a)的通道,对润滑油进行冷却;当润滑油温度低于 83 ℃,油冷却器的通道保持关闭,油被直接传送到压缩机体。通过这种方式可达到润滑油的最佳操作温度,可以有效避免机油乳化。

压缩机壳里空气/油混合物的温度由输送口的温度开关(5.2)监测。如果温度高于设定值(110±5)℃,温度开关动作,压缩机停止工作。

若环境温度较低(−20 ℃以下),压缩机可以通过一个油加热器对润滑油进行预热约 20 min(根据环境温度预热时间有所调整)后再启动空气压缩机。

三、维护

(一)压缩机组应定期进行维护,以保证其安全可靠的运行

常规维护参考见表 4-3。

表 4-3　常规维护参考

维护周期	维护项目
每 100 运转小时	检查油位及机油状态
每 300~500 运转小时	检查油位并进行补油
	检查空气过滤器上的真空指示器状态
每 1 500 运转小时或 1 年(先到为准)	检查空气过滤器,如有必要更换滤芯
	清洗冷却器
	更换润滑油,更换油过滤器滤芯,检查回油过滤器的状态
每 3 000 运转小时或 2 年(先到为准)	更换润滑油,更换油过滤器滤芯,清洗回油过滤器
	测试温度开关状态
每 6 000 运转小时或 4 年(先到为准)	更换油系分离器
	维护回油过滤器
	测试控制和监视元件
	检查油控制单元
	检查弹性支承
	运转试验
每 12 000 运转小时	空压机组的全面检修,更换转子体
	全面检修电机

注:维修周期在极限环境条件下可能缩短(例如长期高温、高相对温度等)。在这种情况下,建议通过油样分析确定更换间隔。

（二）机油乳化处理

1. 机油轻微乳化及时处理

如果发现机油有轻微乳化现象，可进行如下操作来去除乳化现象：

（1）压缩机静置 1~2 h，微开压缩机排油口（位于机头底部和散热器底部），将位于下层的液态水排出，直至有油排出关闭排油口。

（2）打开总风缸下方的排水塞门，使乳化的压缩机组连续运转 60 min 以上，停机后观察润滑油的状态，如果恢复正常可继续使用。

（3）如果乳化现象减轻但没有完全恢复，再连续运转 30 min，观察机油状态，可重复进行上述操作，直至乳化消失。机油轻微乳化如图 4-10 所示。

图 4-10　机油轻微乳化

2. 机油重度乳化处理

如果发现机油严重乳化，切勿自行处理，应及时联系主机厂及压缩机供货商进行分析处理。机油重度乳化如图 4-11 所示。

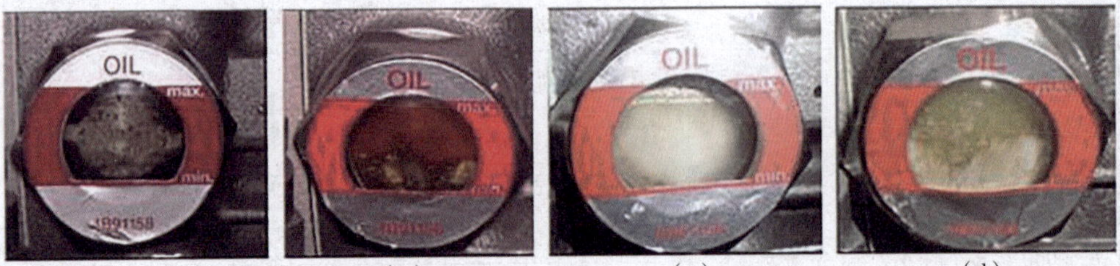

（a）　（b）　（c）　（d）

图 4-11　机油重度乳化

四、空气干燥器

空气干燥器型号为 LTZ2. 2-H，属于双塔吸附式干燥器。该干燥器具有低温加热功能，位于空气压缩机组和总风缸之间，具有过滤压缩空气中油、水，降低压缩空气露点的功能，保证空气系统在正常使用时，不会出现液态水。

（一）结构

空气干燥器结构如图 4-12、图 4-13 所示，主要包括：

两个干燥塔（1），每个塔内集成一个油分离器（A）和一定量的干燥剂。

带有计时功能的脉冲电磁阀（12）。

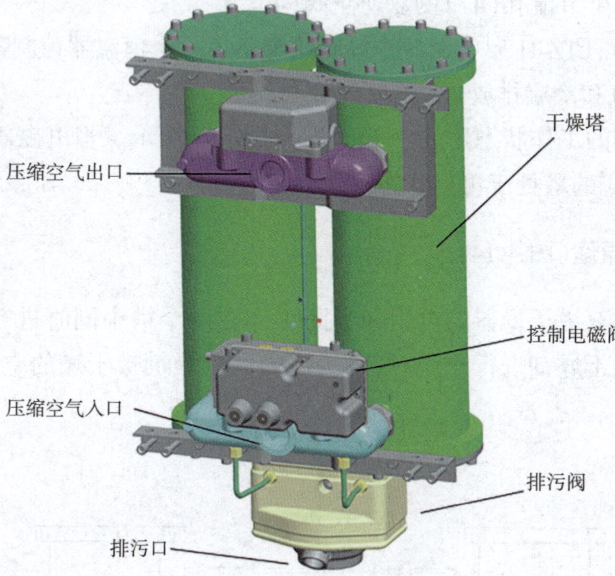

图 4-12　空气干燥器外形

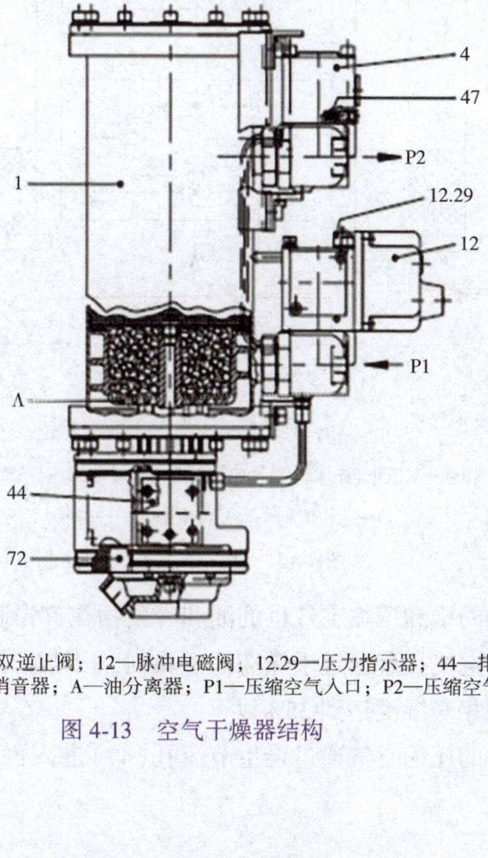

1—干燥剂塔；4—双逆止阀；12—脉冲电磁阀，12.29—压力指示器；44—排放阀；47—节流孔；72—消音器；A—油分离器；P1—压缩空气入口；P2—压缩空气出口。

图 4-13　空气干燥器结构

带可更换再生节流孔(47)的双逆止阀(4)。

排放阀(44),LTZ-H型单元的排放阀还配备了一个恒温器控制器。

消音器(72)和冷凝排放盖。

每个电磁阀的工作状态用一个气动压力指示器显示。当电磁阀作用时,压力指示器弹起,对应的塔处于再生状态。

(二)工作原理(图4-14)

无热吸附式双塔干燥器的再生和吸附工作在两个塔中同时进行,当压缩空气在一个塔内通过干燥剂进行干燥时,另一塔内的干燥剂被干燥的空气吹扫进行再生处理。

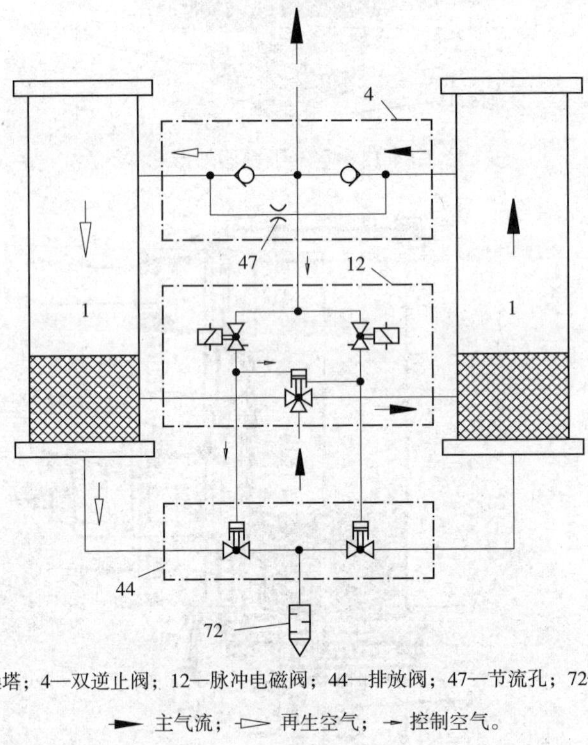

1—干燥塔；4—双逆止阀；12—脉冲电磁阀；44—排放阀；47—节流孔；72—消音器。

主气流；再生空气；控制空气。

图4-14　空气干燥器气动控制

到达干燥器的饱和压缩空气里的油和冷凝物在首先通过油分离器时被提取出来。饱和的压缩空气接着通过干燥塔的干燥剂,压缩空气里水分子被吸收,干燥器出口压缩空气的相对湿度达到35%以下。

部分干燥后的压缩空气通过再生节流孔(47)进入再生塔,吸收饱和干燥剂表面的水分，并将其排放到大气。

两个工作塔交替作为干燥塔和再生塔进行工作。

（三）流程

空气干燥器单元 LTZ 2. 2-H 在工作状态，如图 4-15 所示，其中塔（1 右）在干燥阶段，塔（1 左）在再生阶段。

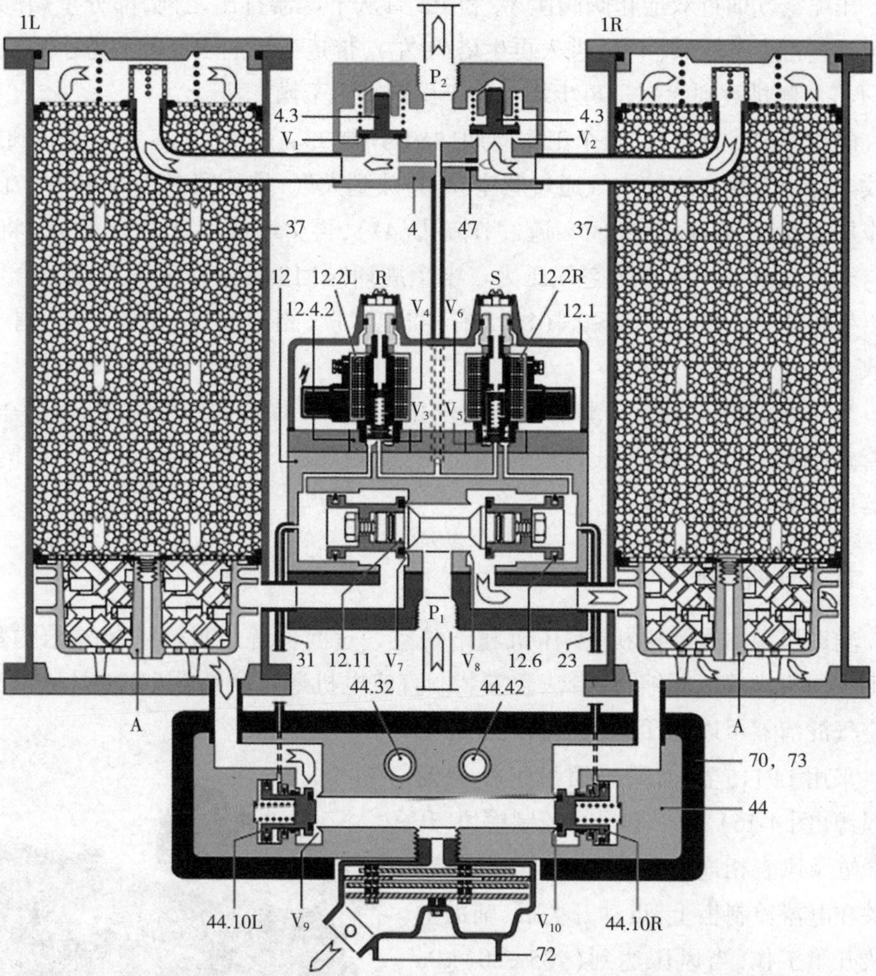

1—干燥塔（左/右）；4—双逆止阀；4.3—单向阀；12—脉冲电磁阀；12.1—电磁阀盖；12.2—电磁阀（左/右）；12.4.2—再生状态指示器；12.6—K环；12.11—进气阀；23—控制管路；31—控制管路；37—干燥剂；44—排放阀；44.10 —排放阀口（左/右）；44.32—加热器；44.42—温控器；47—节流孔；70 —绝热层；73—绝热层；72—消音器；A—油分离器；P1—压缩空气入口；P2—压缩空气出口；O—再生空气排放口；R—电磁阀排放口（12.2左）；S—电磁阀排放口（12.2右）；V—阀座。

图 4-15　空气干燥器单元 LTZ2. 2-H 示意

脉冲电磁阀(12)的电磁阀(12.2左)得电工作。阀座 V_3 打开，V_4 关闭。由于电磁阀(12.2右)失电，阀座 V_5 是关闭的。

压缩空气经P1口和打开的阀座 V_8 进入干燥塔(1右)，在油分离器里进行旋转，在离心力作用下将油和水滴甩向油分离器的内壁后收集到排放阀(44)。压缩空气随后通过干燥剂，压缩空气中的水及水蒸气被吸收，使干燥器出口压缩空气的相对湿度小于35%。

压缩空气通过双逆止阀阀座 V_2 和P2口从干燥器排出之前，部分干燥的压缩空气通过再生节流阀(47)，进入再生塔(1左)，带走干燥剂表面的液态水后从排放阀(44)左侧排放到大气。再生塔中的干燥剂得到干燥。

电磁阀(12.2左)在半个工作周期(184 s)前23 s失电，阀座 V_3 关闭，阀座 V_4 开放。控制管路中压缩空气通过阀座 V_4 排放到大气，排放阀口(44.10左)在弹簧力作用下动作，阀座 V_9 关闭。通过节流孔(47)，再生塔(1左)中空气压力将增加到与干燥塔(1右)相同的空气压力。半个周期时(184 s)，原干燥塔变为再生塔，原再生塔变为干燥塔。电磁阀(12.2右)得电，进气阀(12.11)左侧开放，阀座 V_{10} 开放。

当压缩机停止工作，干燥器也同时停止工作。干燥器的两个电磁阀都失电，控制管路(23)和(31)被排空，排放阀(44.10)两侧均关闭，进气阀(12.11)停留在干燥器停止工作时的位置。

五、辅助风源

辅助风源由直流电机、空压机和干式空气过滤器等组成。该装置结构紧凑。辅助空压机为单级压缩，自带法兰安装。直流电机通过联结器和空压机连接。干式空气滤清器可以为压缩机提供纯净的空气。

采用LP115型辅助压缩机组作为辅助风源(图4-16)，将其和升弓控制模块、升弓风缸及风表相连。辅助空压机组的控制开关在电器控制柜上，点动开关后，辅助空压机开始工作，当风压达到(735±20) kPa时，自动切断辅助压缩机的电源。

为保证压缩空气和管路的清洁，辅助压缩机配有小型的单塔干燥器和再生风缸。

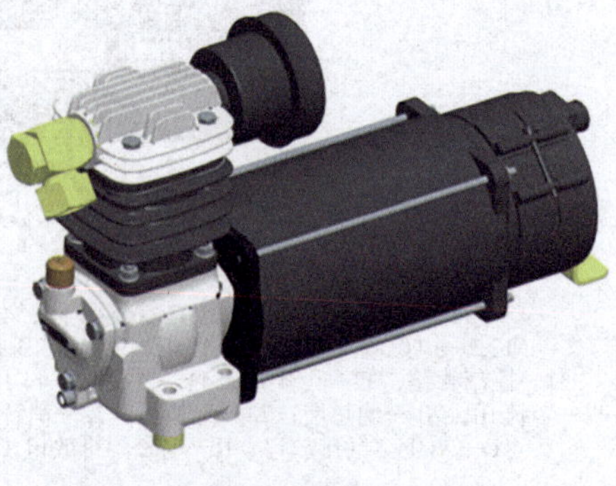

图4-16　LP115型辅助压缩机

（一）技术参数(表 4-4)

表 4-4　具体参数

型号	LP115	允许连续运行时间	10 min
工作形式	单缸往复式空压机	1 m 距离时的声压级	71~73 dB(A)
压缩方式	一级压缩	工作质量	约 15.7 kg
润滑方式	飞溅润滑	工作温度范围	-40 ℃~+50 ℃
转向	从电机端观察,顺时针	额定电压	110 V
最大出口压力	800 kPa	防护等级	IP 54
最大出口温度	220 ℃	电机	直流电机

（二）辅助压缩机组成

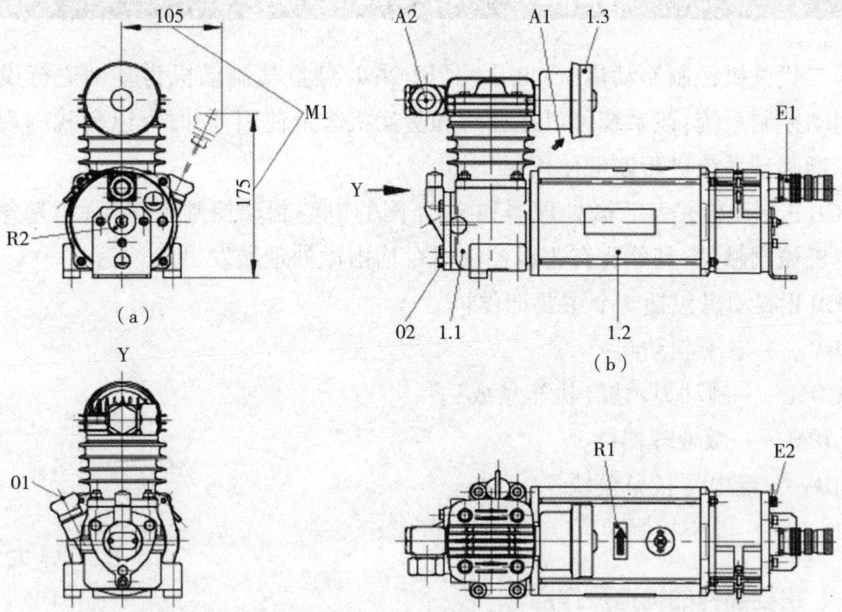

1.1—压缩机；1.2—直流电机；1.3—干式空气过滤器；M1—拆卸尺寸；
A1—空气入口；A2—压缩空气出口；01—加油口；02—排油口；
E1—连接器；E2—接地装置；R1—电机旋向指示牌；R2—电机旋向观察孔。

图 4-17　辅助压缩机结构

（三）工作原理

空压机单级工作，吸入的空气由干式空气过滤器清洁并在气缸内进行压缩。

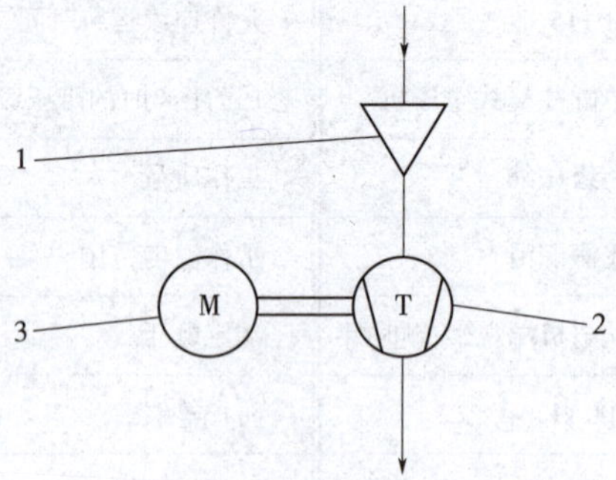

1—干式空气过滤器；2—空压机；3—直流电机。

图 4-18　电动空压机组工作原理

第三节　制动控制系统

第二代微机控制制动机（CCB Ⅱ）是以 26-L 型空气制动机为基础进行设计的电空制动控制系统，该系统可以在客运和货运机车上使用，同时可以和我国现有的机车车辆制动系统进行匹配使用。

CCB Ⅱ制动机是基于微处理器和 LON 网的电空制动控制系统，除了紧急制动作用由机械阀触发，其他所有逻辑控制指令均由微处理器发出。

CCB Ⅱ制动机包括 5 个主要部件：

EBV——电子制动阀；

LCDM——制动显示屏（机车集成）；

B-IPM——微处理器；

CJB——继电器接口模块；

EPCU——电空控制单元。

一、主要部件的构造及作用

（一）电子制动阀（EBV）

电子制动阀是 CCB Ⅱ制动机的人机接口。操作者通过电子制动阀（图 4-19）直接给电空控制单元（EPCU）发送指令，并通知微处理器（IPM）进行逻辑控制。

图 4-19　电子制动阀

电子制动阀采用水平安装结构。自动制动手柄位于左侧,单独制动手柄位于右侧,中间为手柄位置的指示标牌。在 EBV 内部有一个机械阀,当自动制动手柄置于“紧急制动”位时,机械阀动作,保证机车车辆在任何状态下均能产生紧急制动作用。

自动制动手柄和单独制动手柄均采用推拉式操作方式,并具有自保压特性。自动制动手柄含有“运转”位、“初制动”位、“全制动”位、“抑制”位、“重联”位和“紧急制动”位等操作位置。在“初制动”位和“全制动”位之间的是常用制动区。

单独制动手柄包含“运转”位和“全制动”位等操作位置。在“运转”位和“全制动”位之间的是制动区域。通过侧压单独制动手柄可以实现机车的单独缓解功能。

HXD3B 型电力机车的每一个司机室均装有一个电子制动阀。当操纵端司机室的机车显示屏被激活,微处理器(IPM)将激活操纵端的电子制动阀,操作者可以用来进行制动控制;此时非操纵端司机室的电子制动阀未被激活,不能送出制动指令。未被激活电子制动阀的自动制动手柄,需用销将其锁定在“重联”位上,以免误动作触发紧急制动,单独制动手柄应放置在“运转”位。

(二)制动显示屏(LCDM)

HXD3B 型电力机车制动显示屏集成在机车显示屏内如图 4-20 所示。

HXD3B 型电力机车每个司机室的操纵台上装有一个机车显示屏。当通过钥匙开关两端机车显示屏同时得电,均可显示机车制动的状态。当机车微机判断出操纵端后,将其信号传送到制动系统微处理器(IPM),微处理器(IPM)根据此信号激活对应的操作端电子制动阀(EBV),使其具有控制机车车辆制动系统的功能。但非操作端的机车显示屏不可对制动状态进行修改。

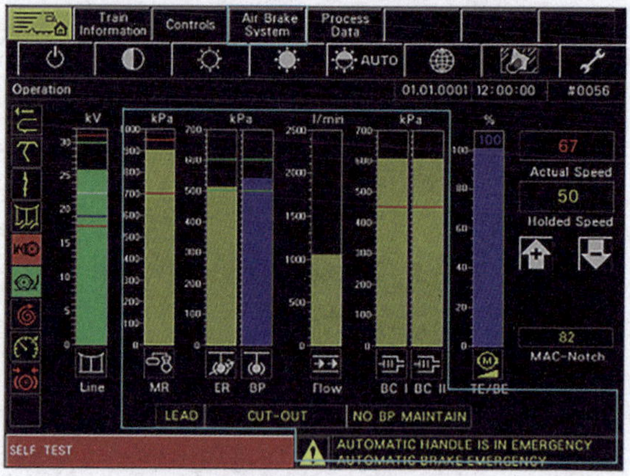

图 4-20　机车显示屏内容

制动屏在机车正常操作时，实时显示均衡风缸、制动管、总风缸和制动缸的压力值，也实时显示制动管流量和空气制动模式的当前状况。

通过显示屏还可以实时显示制动机故障信息，并将其记录。

通过显示屏还可以对制动机各模块进行自检，可以进行本机/补机，均衡风缸压力设定，制动管投入/切除，客车/货车，补风/不补风，风表值标定，故障查询等功能的选择和应用。

（三）微处理器（IPM）

微处理器是 CCB Ⅱ型制动机的中央处理器（图 4-21）。进行各制动功能的软件运算，并对各部分软件状态进行检测和维护。它处理所有与制动显示屏（LCDM）有关的接口任务，并通过 LON 网络传送制动命令给电空控制单元（EPCU）。

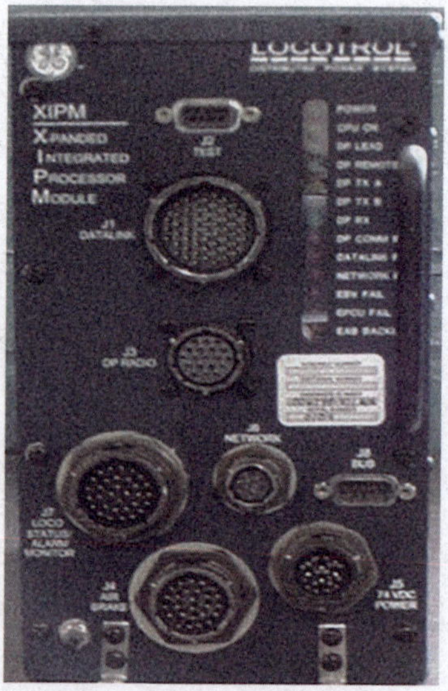

图 4-21　微处理器 B-IPM

微处理器也通过继电器接口模块（RIM）与机车控制系统（TCMS）和安全装置（ATP）进行通信。

微处理器前端设有 9 个指示灯，用来提供制动系统状态的反馈信息。若制动系统处于正常工作状态，微处理器顶端两个绿色的指示灯处于指示状态，而其他指示灯没有指示信息。各指示灯具体含义如下：

POWER——绿色表示微处理器已得电；

CPU OK——绿色表示微处理器工作状况良好；

DP LEAD——绿色表示该机车处于动力分散主控机车模式（HXD_3 型电力机车无此功能）；

DP REMOTE——绿色表示该机车处于动力分散从控机车模式（HXD_3 型电力机车无此功能）；

DP TX A——黄色表示该机车电台 A 正在传输无线信息（HXD_3 型电力机车无此功能）；

DP TX B——黄色表示该机车电台 B 正在传输无线信息（HXD_3 型电力机车无此功能）；

DP RX ——绿色表示该机车正接收无线信息（HXD_3 型电力机车无此功能）；

DP COMM INT——红色表示该机车无线通信故障（HXD_3 型电力机车无此功能）；

DATALINK FA——红色表示该微处理器与机车控制系统、电空控制单元或制动显示屏通信失败；

NETWORK FA——红色表示 CCBⅡ系统内部通信失败；

EBV FAIL——红色表示 CCBⅡ系统电子制动阀失效；

EPCU FAIL——红色表示 CCBⅡ系统电空控制单元失效；

EAB BACKUP——红色表示 CCBⅡ系统已进入备份模式。

（四）继电器接口模块（CJB）

继电器接口模块（图 4-22）位于机车制动柜，是微处理器（IPM）与机车间进行通信的继电器接口。

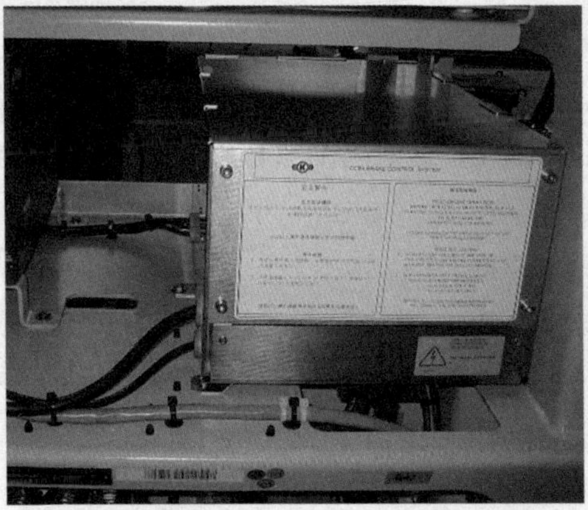

图 4-22　继电器接口模块

信号输入部分包括：由安全装置（ATP）产生的惩罚制动和紧急制动，再生制动投入信号，MREP 压力开关工作状态信号，机车速度信号；

信号输出部分包括：紧急制动信号，动力切除（PCS）信号，撒砂开关动作信号，再生制动切除信号，重联机车故障信号。

（五）电空控制单元（EPCU）

电空控制单元（EPCU）由电空阀和空气阀组成来控制机车空气管路的压力，是制动系统的执行部件，所有电空阀和空气阀集成到八个线路可更换模块（LRU），如图 4-23 所示。

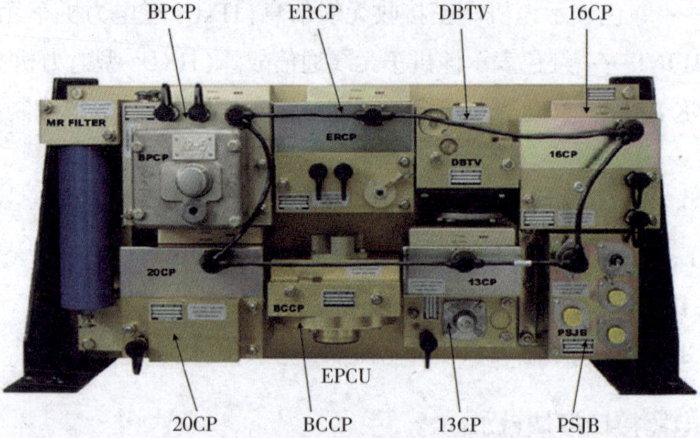

图 4-23　电空控制单元（EPCU）

其中五个 LRU 是“智能的”可以通过软件进行自检并通过 LON 网络和 EBV、IPM 进行通信，其功能简述如下：

1. 均衡风缸控制部分（ERCP）

通过改变均衡风缸压力产生制动管控制压力。其功能类似 JZ-7 型制动机中自动制动阀内调整阀，以及 DK-1 型制动机中自动制动阀和缓解电磁阀、制动电磁阀联合的作用。

2. 制动管控制模块（BPCP）

BPCP 模块接收来自 ERCP 模块控制的均衡风缸的压力，由内部 BP 作用阀响应其变化并快速的产生与均衡风缸具有相同压力的制动管的压力，从而完成列车的制动、保压和缓解。它的作用相当于 JZ-7 或 DK-1 系统中中继阀的作用。

3. 13 控制部分（13CP）

实现单独缓解机车制动缸压力的功能。

4. 16 控制部分(16CP)

响应列车管的减压量,平均管压力,单缓指令,来产生制动缸管的控制压力;功能类似 JZ-7 系统的分配阀或 DK-1 系统中分配阀主阀部的作用。

5. 20 控制部分(20CP)

通过响应列车管减压和单独制动手柄及单缓指令产生平均管压力,其作用类似 JZ-7 或 DK-1 系统中的重联阀,但平均管的控制压力来源不同。

6. 制动缸控制部分(BCCP)

响应 16CP 压力变化,产生机车制动缸压力。

7. DB 三通阀(DBTV)部分

响应制动管的减压量产生制动缸管的控制压力,可以作为 16CP 的备份模块。

8. 电源接线盒(PSJB)

PSJB 内置电源,为 CCBⅡ型制动机供电(将 110 V 转换到 24 V),在外部具有多个接插件,允许 EPCU、EBV、B-IPM 和 RIM 相互连接。

二、CCBⅡ控制关系

(一)主要部件控制关系

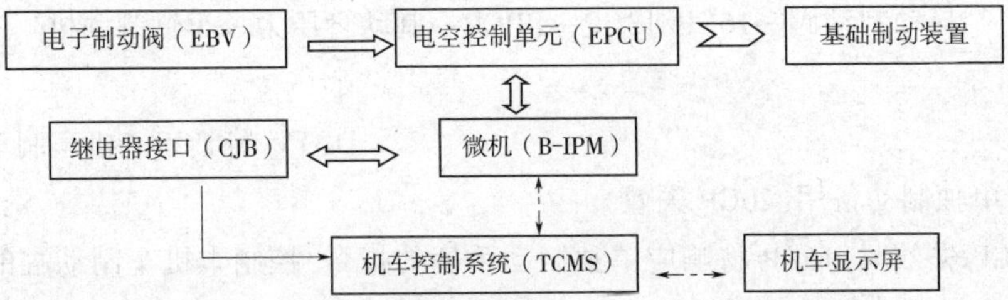

EBV、EPCU、CJB、IPM 之间通过 LON 网线进行通信;

IPM、TCMS、机车显示屏之间通过 MVB 数据线进行通信;

CJB、TCMS 通过开关模拟量硬线进行通信。

(二)气路控制关系

控制列车:

自动制动阀→ERCP→BPCP→制动管压力→车辆制动机

↓

16CP→BCCP→机车制动缸

控制机车：

单独制动阀→20CP→BCCP→机车制动缸
↓
平均管压力→重联机车制动缸

（三）系统主要部件的备份

1. 空气备用(16CP 失效)

空气备用模式是指系统采用纯机械三通阀(DBTV)来代替电子控制(16CP)产生制动缸管控制压力。

其控制关系如下：

自动制动阀→ERCP→BPCP→制动管压力→车辆制动机
↓
DBTV→BCCP→机车制动缸

2. ER 备用(ERCP 失效)

如果 ERCP 失效,它的功能由 16CP 和 13CP 实现,由软件控制自行进行切换。

其控制关系如下：

自动制动阀→16CP/13CP→BPCP→制动管压力→车辆制动机
↓
DBTV→BCCP→机车制动缸

3. 单独制动备用(20CP 失效)

20CP 失效时,16CP 将响应单独制动手柄的指令,控制本机车制动缸的压力。对于重联车,将不存在平均管压力。

其控制关系如下：

单独制动阀→16CP→BCCP→机车制动缸

4. 紧急制动的触发方式

(1)自动制动阀置“紧急”位；

(2)开放车长阀触发紧急制动；

(3)按下操纵台紧急按钮触发紧急制动(跳主断路器)；

(4)IPM 触发紧急制动；

(5)监控装置触发紧急制动；

(6)列车断钩分离触发紧急制动。

5. 总风缸压力低保护

当总风缸压力低于 600 kPa 时，IPM 接收到压力传感器信号，不允许机车加载牵引。

第四节　辅助管路系统

机车辅助管路系统可以改善机车的运行条件，确保机车安全。该系统包括升弓控制模块（U43）、停放制动模块（B40）、撒砂模块（F41）、警惕装置（Z10）、停放制动辅助控制模块（R30）、鸣笛控制和辅助风源等部分。

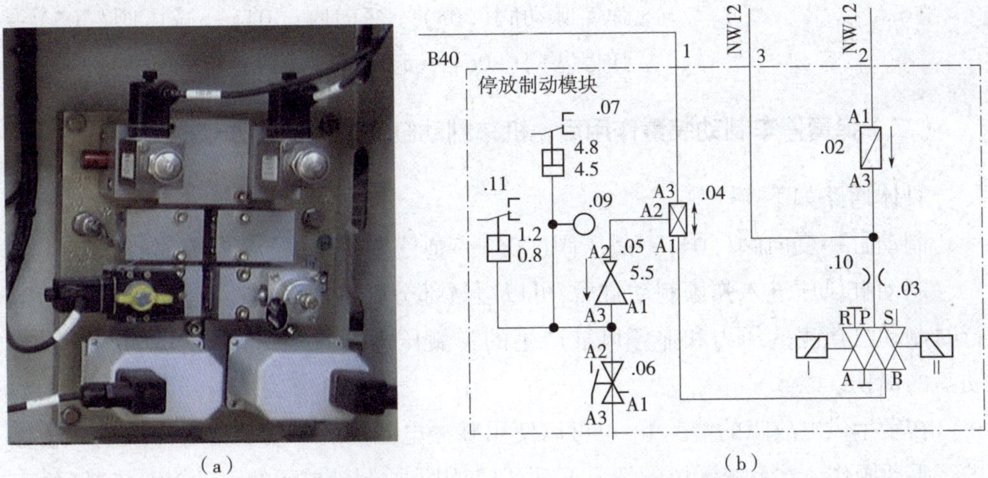

图 4-24　弹簧停放制动控制装置及原理

一、弹簧停放制动控制装置

停放制动模块接收司机控制指令，从而控制机车走行部弹簧停车制动缸压力，如图 4-24 所示。当弹簧停车制动缸中的空气压力达到 480 kPa 以上时，弹簧停车制动装置缓解，允许机车牵引；机车停车后，将弹簧停车制动缸中的压力空气排空，弹簧停车装置动作，闸瓦压紧轮对，避免机车因重力或风力的原因溜车。

机车第一、第三、第四、第六轴上安装有四个弹簧停车装置。

机车停车后按下操作台左侧弹停作用开关，可使弹停脉冲电磁阀（.03）中的作用阀得电数秒，脉冲电磁阀（.03）处于“作用”位，弹簧停车制动缸中的压力空气通过弹停脉冲电磁阀（.03）排出，当弹簧停车制动缸中的压力低于 450 kPa 后操作台上弹停指示灯开始闪烁，封锁机车牵引；当压力低于 80 kPa 后指示灯常亮，弹簧停车制动装置完全作用。如果需要走车,按下操作台左侧弹停缓解开关,可使弹停脉冲电磁阀(.03)中的缓解阀得电数秒,脉冲电磁阀(.03)处于“缓解”位,总风将通过上述通路进入走行部的弹簧停车制动缸,当弹簧停车制动缸中的压力高于120 kPa后操作台上弹停指示灯开始闪烁,当弹簧停车制动缸中的压力高于480 kPa后操作台上弹停指示灯常灭,弹簧停车制动缸完全缓解,允许机车牵引。

（一）弹簧停车制动缸缓解

具体通路如下:

总风缸→逆止阀(.02)↗弹停风缸(A13)

↘弹停脉动阀(.03)→变向阀(.04)→减压阀(.05)→弹停塞门(.06)→走行部弹停风缸

（二）弹簧停车制动装置作用后，机车制动缸作用时的工作状态

具体通路如下:

制动缸→变向阀(.04)→减压阀(.05)→弹停塞门(.06)→走行部的弹停风缸

制动缸风压进入弹停制动缸后,可以缓解部分弹簧压力,避免停车后或机车运行时制动缸产生的压力和弹停风缸产生的弹簧压力同时作用在制动盘上,造成制动盘的损伤。

在发生供电故障的情况下,也可以使用脉冲电磁阀的手动装置对停放制动装置进行手动操作。在系统无风的情况下,可以使用停放制动单元的手动缓解装置(位于制动缸夹钳上)缓解停放制动。手动缓解后,不能再次实施停放制动。如果需要重新实施停放制动,必须使系统总风压力达到450 kPa以上,方可实施停放制动。

二、停放制动辅助装置(图4-25)

该装置用于在机车总风缸(A11/A15)和停放风缸(A13)均无风压情况下,可用其他机车列车管的压力来实现弹簧停车制动的快速缓解,无需在走行部的弹停风缸上进行手动缓解。该装置将会提高机务段的调车作业效率,减小劳动强度。

具体通路如下:

其他机车列车管→截断塞门(R30.01)→逆止阀(R30.02)

↗弹停风缸(A13)

↘弹簧停车制动装置控制模块(B40)

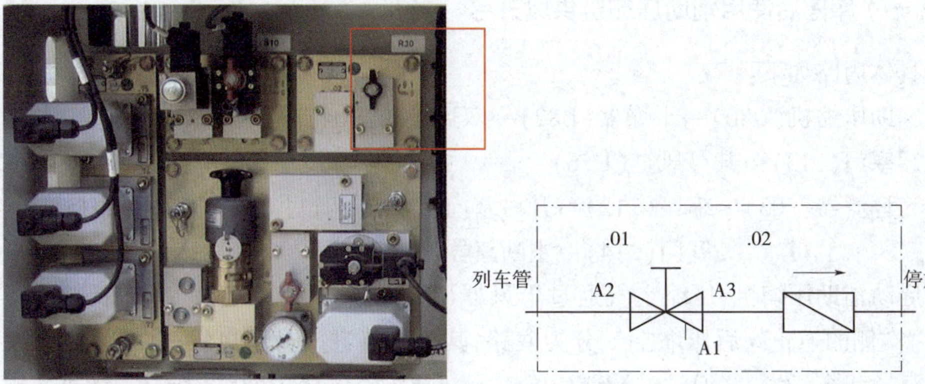

（a）　　　　　　　　　　　　（b）

图 4-25　停放制动辅助装置及原理

三、升弓控制装置（图 4-26）

该装置为受电弓和主断路器提供干燥、稳定的压缩空气。此模块包括双逆止阀（.04）、安全阀（.06）、压力开关（.02）、机械压力表（.05）、过滤器（.03）、塞门（.13、.14）、缩堵（.11、.12）和测试接口（.09、.10），它和辅助压缩机（U80）、辅助压缩机用干燥器（U82）、干燥风缸（U83）、压力开关（U84）、升弓风缸（U76）以及升弓塞门（U98、U99）等部件共同工作。

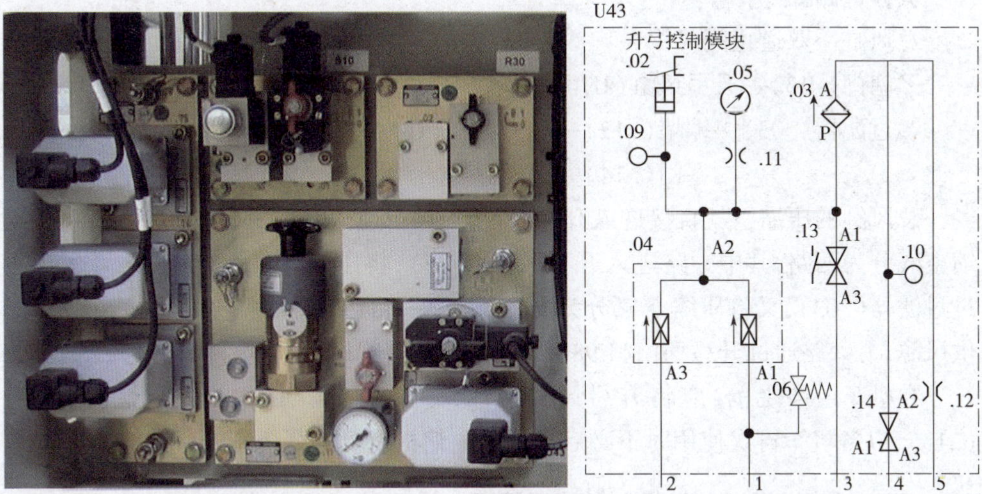

（a）　　　　　　　　　　　　（b）

图 4-26　升弓控制装置及原理

（一）库停后使用辅助压缩机供风升弓

具体通路如下：

辅助压缩机(U80)→干燥器(U82)→双逆止阀(.04)

↗塞门(.13)→升弓风缸(U76)

↘过滤器(.03)→缩堵(.12)→升弓塞门(U99)→升弓塞门(U98)→阀板

↘塞门(.14)→主断路器

启动辅助压缩机，压缩空气通过干燥器(U82)，进入升弓模块，通过双逆止阀(.04)右侧的逆止阀后压缩空气分为两路，其中一路进入升弓风缸(U76)，将压缩空气存储起来，另一路通过过滤器(.03)，又将压缩空气分为两路，其中一路通过塞门(.14)为主断路器提供风源，另一路通过升弓塞门(U98、U99)进入升弓阀板为受电弓提供风源。

机车升弓指令投入后，若升弓风缸压力低于 480 kPa 时，压力开关(.02)动作发出指令，辅助压缩机自动投入工作，当升弓风缸压力高于 735 kPa 时，压力开关(U84)动作发出指令，辅助压缩机自动停止工作，同时干燥风缸(U83)中的干燥空气将干燥器中的水和油污排出。如果通过按钮手动控制辅助压缩机启动，压力开关(.02、U84)将不再对压缩机的启停进行控制。

（二）正常运行时的总风缸供风

具体通路如下：

总风缸→双逆止阀(.04)

↗塞门(.13)→升弓风缸(U76)

↘过滤器(.03)→缩堵(.12)→升弓塞门(U99)→升弓塞门(U98)→阀板

↘塞门(.14)→主断路器

总风缸的压缩空气直接进入升弓模块，通过双逆止阀(.04)左侧的逆止阀后压缩空气分为两路，其中一路进入升弓风缸(U76)，将压缩空气存储起来，另一路通过过滤器(.03)，又将压缩空气分为两路，其中一路通过塞门(.14)为主断路器提供风源，另一路通过升弓塞门(U98、U99)进入升弓阀板为受电弓提供风源。

在机车退乘之前，应将升弓风缸内压缩空气充至 900 kPa，然后关闭塞门(.13)，以备机车再次使用时不必启动辅助压缩机就可进行机车升弓操纵。

（三）轮缘润滑和鸣笛控制装置及原理

轮缘润滑和鸣笛控制装置如图 4-27 所示。

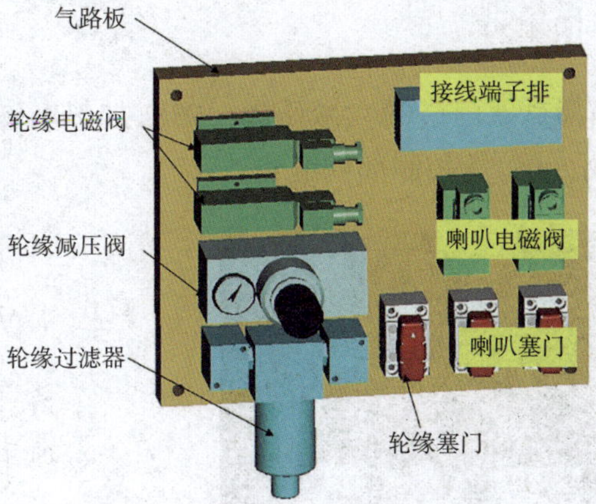

图 4-27　轮缘润滑和鸣笛控制装置

轮缘润滑和鸣笛控制原理如图 4-28 所示

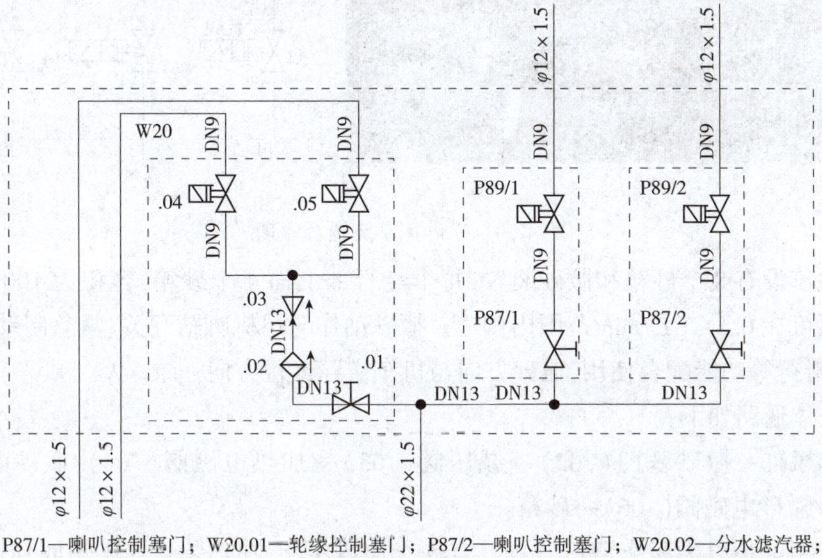

P87/1—喇叭控制塞门；W20.01—轮缘控制塞门；P87/2—喇叭控制塞门；W20.02—分水滤汽器；
P89/1—喇叭电磁阀；W20.03—减压阀；P89/2—喇叭电磁阀；W20.04—轮缘润滑电空阀；
W20.05—轮缘润滑电空阀。

图 4-28　轮缘润滑和鸣笛控制原理

HXD3B 型电力机车采用油脂式轮缘润滑方式，通过电磁阀控制油脂的喷涂。机车两端均设有 2 个高音喇叭、1 个低音喇叭，由电空阀控制，电空阀由司机操纵台面板上的喇叭按钮、操纵台下的喇叭脚踏开关分别控制。喇叭控制采用高、低音单独控制方式。将控制轮缘润滑及鸣笛的设备集成安装在一块气路板上，方便维护和检修。

（四）撒砂装置（图 4-29）

撒砂控制模块由撒砂塞门（.02）、减压阀（.03）、加热电磁阀（.04）、撒砂电磁阀（.05）、撒砂电磁阀（.06）等控制部件组成。

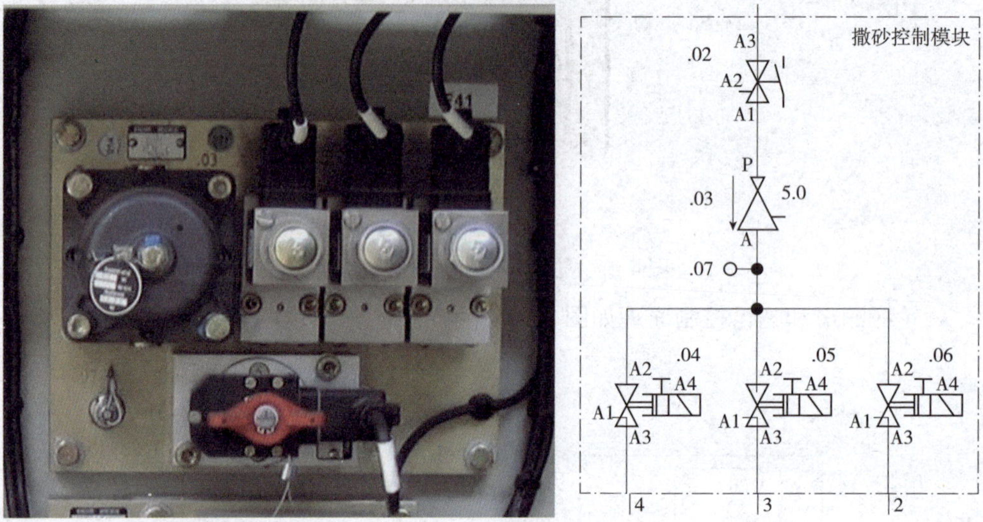

（a）　　（b）

图 4-29　撒砂控制装置及原理

机车设有 8 个砂箱和撒砂装置，每个走行部上面 4 个砂箱，容积为 100 L/个，撒砂量可在 0.5～1 L/min 范围内调节。撒砂动作与司机脚踏开关、紧急制动、防空转、防滑行等功能配合使用，撒砂方向与机车实际运行方向一致。

具体通路如下：

总风缸→撒砂塞门（.02）→减压阀（.03）→加热电磁阀（.04）/撒砂电磁阀（.05）/撒砂电磁阀（.06）→砂箱。

HXD3B 型电力机车撒砂装置具有砂子加热功能，加热装置在砂箱底和撒砂管喷嘴处。

复习思考题

1. 电力机车制动控制的原则是什么？
2. CCBⅡ型制动机技术特点是什么？
3. CCBⅡ型制动机的气路控制关系是什么？

复习思考题答案

第一章

1. HXD_{3B} 型电力机车车顶设备布置有哪些?

答:机车顶盖由 3 个顶盖组成,顶盖 1、顶盖 2 上布置有受电弓、车顶避雷器及高压电缆车顶高压套管。在中央顶盖上设有检修用天窗,由此上车顶进行检修和维修作业。为确保安全,天窗设置了钥匙联锁装置。

2. HXD_{3B} 型电力机车的通风冷却系统主要由哪几部分组成?

答:HXD_{3B} 型电力机车的通风冷却系统主要由四部分组成。第一部分为牵引电动机通风冷却,用来对牵引电动机的强迫通风冷却;第二部分为冷却塔通风冷却,用来冷却主变压器油和主变流器水;第三部分为辅助设备通风冷却;第四部分为机械间通风,用来保证机械间工作时温度不过高,并形成正压和保证一些设备的用风。

3. HXD_{3B} 型电力机车网侧电路的组成是什么?

答:由受电弓 PG1、PG2,高压隔离开关 QS1、QS2,电流传感器 TA1、TA2、TA3,带三组独立次边绕组的高压电压互感器 TV1,主断路器 QF1,高压接地开关 QS3,避雷器 F1、F2、F3,模拟监测保护装置 AMP1、AMP2,智能型电度表 PWH,主变压器原边绕组 AX 及回流接地装置 EB1~EB6 等组成。

第二章

1. HXD_2 型电力机车电传动方式是什么?

答:机车采用交—直—交电传动形式,电源侧采用四象限变流器,电机侧采用变压变频式逆变器,向三相异步牵引电动机供电。每个电机由各自的逆变器供电(轴控)。

2. HXD_2 型电力机车网侧电路电流流向是什么?

答:接触网电流通过受电弓 AP 进入机车,经主断路器 QF(M),通过高压电流互感器 TFI-QL(M)进入车内,经 25 kV 高压电缆与主变压器原边 A 端子相连,经过主变压器原边,从 X 端子流出,通过低压电流互感器 TFI-CE 和 4 个并联的回流装置 EB1、EB4、EB5、EB8,从轮对回流至钢轨。

3. HXD_2 型电力机车主变流器的作用是什么?

答:主变流器是电力机车牵引电传动系统的核心构成。在正常的牵引/制动工况下,主变流器内的牵引控制单元接收司机控制指令,控制各变流器单元实现电源从工频、高压不可控单相交流电源到三相可控变压、变频的交流电源的转化,拖动异步牵引电动机,实现对牵引电动机的一对一控制。

牵引时能量从电网流向电机,电能转换为机械能;制动时过程相反,机械能转化为电能回馈电网。主变流器内部设置有向机车辅助逆变器提供直流电源、向加热装置提供交流电源的接口,使机车电传动可以根据需求进行合理配置。冗余设计措施综合应用使得机车在主传动部件发生严重故障时能保留 7/8 的牵引/制动力,发生重大故障时能保持一半牵引/制动力。机车采用网络技术实现对主变流器的保护。

第三章

1. HXD_{3D} 型电力机车主变压器的组成是什么?

答:机车主变压器设有的 6 组牵引绕组和 2 组辅助绕组,分别与 2 组变流柜相连,实现对机车牵引系统、辅助系统的供电。另外主变压器还设有 2 组列车供电绕组,分别与 2 组列车供电柜相连,实现对列车供电系统的供电。主变压器内还设有温度传感器、压力释放阀、油流继电器、布赫继电器,完成对主变压器的温度、压力的监测。

2. HXD_{3D} 型电力机车辅助变流器的工作方式是什么?

答:(1)机车有 2 组辅助变流器 UA11 和 UA12,分别位于 2 组主变流柜中,都有变频变压(VVVF)和定频定压(CVCF)两种工作方式。正常状态下,辅助变流器 UA11 工作在 VVVF 方式,辅助变流器 UA12 工作在 CVCF 方式。每一台辅助变流器的额定容量是按照独立带整车辅机负载的工况设计的,因此正常情况下,辅助变流器 UA11、UA12 基本上以 50% 的额定容量工作。

(2)当某一组辅助变流器发生故障时,不需要切除任何辅助电动机,另一组辅助变流器可以承担机车全部的辅助电动机负载。此时,工作的辅助变流器以 CVCF 方式运行,辅助电动机按全功率运行,从而确保机车辅助电动机供电系统的可靠性。该工况下只有操纵端的空气压缩机可以投入工作。辅助变流器的故障转换控制由列车网络控制系统(TCMS)自动完成。

(3)辅助变流器中间直流回路同时给 DC 110 V 电源装置供电。辅助变流器 UA12 的输出还经隔离变压器,给司机室各加热设备及低温预热回路供电。

3. HXD_{3D} 型电力机车的作用是什么?

答:列车网络控制系统(TCMS)根据司机指令完成对主变流器及异步电动机的实时控制、辅助变流器的实时控制、牵引/制动特性控制、传动系统的时序逻辑控制,显示机车运行状态,具备完整的故障保护、故障记忆及显示功能,并具有一定程度上的故障自排除、自动切换和故障处理指导功能。

第四章

1. 电力机车制动控制原则是什么?

答:(1)优先使用机车动力制动。

(2)通过自动制动阀或监控装置实施常用制动,经计算机车施加同空气制动力相当的动力制动,列车施加空气制动。

(3)通过自动制动阀、车长阀或监控装置实施紧急制动,经计算机车施加同空气紧急制动力相当的动力制动,列车施加空气紧急制动。

(4)通过紧急按钮实施紧急制动时,机车断开主断路器后施加空气制动,列车施加空气制动。该紧急按钮为非常情况(如机车起火,主断路器粘接等电器故障)设计。

(5)通过单独制动阀实施制动,机车施加空气制动。

(6)通过司控器可以施加动力制动,其最大值为 480 kN。

(7)若司控器和自动制动阀同时实施动力制动,取其大值。

(8)若单独制动阀施加的空气制动大于 90 kPa,机车将不再施加或切除动力制动;若单独制动阀减压使空气制动小于 60 kPa,机车可以施加动力制动或恢复动力制动。

(9)通过功能选择,机车可以实现自动制动阀、监控装置、车长阀动作后机车仅执行空气制动的功能。

2. CCBⅡ型制动机技术特点是什么?

答:(1)控制准确性高,反应迅速。

(2)安全性较高。

(3)部件集成化高,可进行部件的线路更换,维护简单。

(4)有自我诊断、故障显示及处理方法提示功能。

(5)系统内部通过 LON 网通信,系统同机车间通过 MVB 网进行通信。

3. CCBⅡ型制动机的气路控制关系是什么?

答:控制列车:

自动制动阀→ERCR→BRCP→制动管压力→车辆制动机
↓
16CP→BCCP→机车制动缸

控制机车:

单独制动阀→20CP→BCCP→机车制动缸
↓
平均管压力→重联机车制动缸